사회적 상속:

세습사회를 뛰어넘는 더 공정한 계획

사회적 상속

김병권 지음

이음

차례

Chapter3

정책 / 사회적 상속을 제안한다

Chapter4

정치 / 다음 판을 위한 행동

추천의 글

들어가며

세습사회를 타개하는 해법 논쟁을 시작하자

과연 공정이란 무엇일까? 최근 한국사회를 뜨겁게 달구어온 질문이다. 알다시피, 지난해 가을 조국 전 법무장관 임명 논란이 있었다. 조국 장관의 거취를 두고 사회갈등이 첨예해졌을 때 문재인 대통령은 국회에서 다음과 같은 내용으로 연설을 했다. 한국사회의 우선적 가치이자 공직자들이 솔선해서 지켜야 할 원칙으로 공정을 강조한 것이다.

"정부는 그동안 우리 사회에 만연한 특권과 반칙, 불공정을 없애기 위해 노력해왔지만, 국민의 요구는 그보다 훨씬 높았습니다. 국민의 요구는 제도에 내재된 합법적인 불공정과 특권까지 근본적으로 바꿔내자는 것이었습니다. 사회지도층일수록 더 높은 공정성을 발휘하라는 것이었습니다. 대통령으로서 무거운 책임감을 갖겠습니다. 공정이 바탕이 되어야 혁신도 있고 포용도 있고 평화도 있을 수 있습니다. 경제뿐 아니라 사회·교육·문화 전반에서, 공정이 새롭게 구축되어야 합니다."

사실 공정이 강조된 것은 이때가 처음이 아니다. 2010년 당시 이명박 대통령이 8.15 경축사에서 '공정사회'를 들고나온 이후, 2010년대 내내 공정이라는 화두가 사회를 지배하다시피 했다. 정치권 내 보수와 진보 세력은 물론이고, 기성세대부터 청년세대까지 세대를 막론하고 말이다. 바꿔 말하면 이는 그만큼 한국사회가 '불공정한 사회'라는 인식이 팽배해 있다는 방증이다. 한국사회가 얼마나 불공정하길래 문제가 생길 때마다 청년부터 국가 최고 지도자에 이르기까지 다들 공정의 잣대를 들이대는 것일까?

불공정과 함께 한국사회의 핵심 문제로 공인된 또다른 문제는 '불평등'이다. 지난 10여 년 동안 불평등에 대한 무수한 사회적 논의나 미디어를 통한 현실 고발이 있었다. 불평등은 한국만의 문제가 아니었다. 2011년 미국 월가에 모인 시민들이 "우리는 99퍼센트다"라는 구호를 들고 1퍼센트를 향해 분노를 쏟아냈을 때 한국 시민들은 충격을 받았을 뿐 아니라 깊이 공감했다. 2013년에 프랑스 소장 경제학자 토마 피케티가 『21세기 자본』이라는 거창한 책을 들고나와 전 세계가 역사상 유래 없는 불평등에 빠져 있다고 역설한 이후, 많은 이들은 불평등 해결이 시대의 과제임에 동의했다. 청년들의 삶이 점점 더 수렁으로 빠져드는 상황이 불평등 탓이라는 데에도 공감대가 생겼다. '포용성장'은 불평등에 대응하는 새로운 경제 전략 키워드로 떠올랐다.

그런데 불공정과 불평등의 담론을 살펴보았을 때 한 가지 이상한 점이 있었다. 공정은 늘 정치 영역 최전선, 치열한 갈등의 현장에 등장하여 시시비비를 가려주는 기준점으로 사용되었지만, 정작 공정이 조준해야 할 것 같은 불평등은 한 번도 제대로 정치화되지 못하는 것으로 보였다. 불평등은 비관자살 사건이 벌어지는 등 사회의 상처가 곪아서 터져 나오면 그제야 등장해서 문제를 진단하는 용어로 소비되고 사라지는 식이었다.

이 책을 시작하면서 무엇보다 내가 짚고 싶었던 대목은 불공정과 불평등이 어떻게 연결되고 있는지였다. 철학적으로 개념

탐구를 하고 싶은 것이 아니었다. 현실에서 불공정과 불평등이 어떻게 작용하고 있고, 우리가 그것을 통해 말하고자 하는 바가 무엇인지를 알아보자는 것이 나의 문제의식이다.

내가 보기에 공정이라는 용어는 주로 '공정 경쟁'이라는 제한된 범위에서 역설적이게도 '강자의 논리'로 작동하고 있다. 이때 공정의 사회적 정당성은 사회에 여전히 '능력주의'가 작동하고 있다는 집단적 믿음에 근거해야 확보될 수 있다. 그런데 한국사회가 정말 능력주의가 제대로 작동하는 사회인가? 그렇지 않다면 공정 경쟁은 전혀 공정할 수 없게 된다.

결국 공정이 사회적 약자들을 변호하고 불평등을 줄여주는 가치로 사용될 것이라는 기대와 달리, 현실에서 공정은 불평등과 잘 연결되지 않고 있다고 생각한다. 공정이 공정 경쟁에 국한되어 사용되는 동안, 불평등은 특정 시기 내 자원 분배 차원을 넘어서, 세대를 건너 심화되었다. 그 결과 한국사회는 세습사회가 되었다는 것이 나의 일차적인 결론이다.

세습사회는 절대로 능력주의 사회와 양립할 수 없다. 따라서 능력주의 사회를 대체하며 나타난 세습사회에서 '공정 경쟁'은 처음부터 허구였음을 주장할 것이다. 이렇게 공정–경쟁–능력주의–불평등–세대–세습이라는 핵심 키워드들이 한국사회의 현실에서 어떻게 연결되고 있는지를 밝혀보려 한다.

하지만 이 책의 목적이 이들 개념을 중심으로 한국사회를 재구성하고 진단해보자는 것은 아니다. 어느새 한국사회의 가장 심층에서 작동하고 있는 세습사회를 타개하기 위한 정책적,

정치적 해법이 뭔지를 모색해보는 것이 핵심이다. 공정 경쟁이나 평범한 소득 불평등 완화 수준의 조치로는 아무것도 해결할 수 없다. 아예 재산권 개념을 바꿔서 사회적 상속으로 자산과 부의 순환구조를 다시 만들어야 한다.

이 책의 전반부 중 상당한 내용은 조국 임명 논란으로 한국사회가 분열되었던 지난해 9~10월에 지식공유지대e-commons 사이트의 요청을 받아 인터넷에 연재했던 것이다. 그 당시 내가 붙들고 있었던 것은 '세습'이었다. 전근대적인 신분사회에서의 노골적인 세습과 달리 현재의 세습은 능력주의라는 아주 현대적인 외형으로 포장되어 있지만, 실질적으로는 과거와 다를 바 없이 작동하고 있다는 데 주목했다. 또한 청년기초자산 대안을 중심으로 한 이 글의 후반부 중 일부는 2017년 3~4월에 개인 SNS에 16회에 걸쳐 연재한 내용으로부터 출발했다. 당시에는 대통령 선거운동이 한창이었고 정의당 후보였던 심상정 의원이 '만 20세 청년들에게 사회적 상속으로 1,000만원을 지급하자'는 공약을 발표해 화제가 되었다. 나도 기초자산과 기본소득에 관심을 두었던 터라 사회적 상속을 좀 더 파고들면서 공부한 내용을 지인들과 공유하고 싶은 생각으로 연재를 했다.

2020년 제21대 국회의원선거를 앞두고, 이 글들을 책으로 엮게 됐다. 마침 나는 정의당 정의정책연구소에 들어갔고, 대안 정책들을 개발하며 이 책의 후반부 대안을 보강했다. 여러모로 2020년 총선은 특별하다. 정치 공간 안에 과거 의제와 미래 의제가 혼재해 있기 때문이다. 전통적인 검찰개혁이나 재정건전성 의제가 통상적인 진보-보수 세력 사이에서 충돌하는 와중에, 청년 의제와 녹색 의제 등 미래 의제들이 과거보다 훨씬 비중 있게 등장했다. 다당제라는 미래를 예견하면서 추진되었던 선거법 개정 결과는 위성 정당이라는 변칙 때문에 과거식 양당 대결로 기형화된 형국이다. 게다가 기후위기로 인한 미래의 파국의 예고편인 듯 코로나 전염병 대재앙pandemic이 세계를 덮치는 바람에 재난 경제, 재난 사회라는 전대미문의 터널 속에서 치러지는 2020 총선은 재난 정치를 체험하는 첫 장이기도 하다. 나는 과거와 미래가 얽혀 돌아가는 한국 정치 공간에서 우리가 오랜 과거의 멍에를 벗어나는 데 이 책이 작은 실마리로 쓰였으면 하는 바람이다.

이 책에 개진된 의견은 개인적인 견해이고 치밀한 증거 자료나 엄격한 논리 전개에 집착하지 않고 직관적 판단을 동원한 부분도 있다. 미국 사례들을 섞어서 인용하기도 했다. 이 때문에 생겼을지 모르는 비약과 부정합성에 대해서는 앞으로 다양한 토론 기회를 통해 수정·보완해나가고 싶다. 나는 이 책의 주장을 우선은 '586'인 나의 세대와 먼저 소통하고 싶다. 그리고 나의 아이들 세대가 자신들의 방식으로 재구성해서 검토해보기를 바란다. 한국사회가 세습자본주의로 인해 더 병들지 않도록 나의 세대와 나의 아이들 세대가 함께 지혜를 모았으면 한다.

2020년 3월, 1964년생 김병권

Chapter 1

진단
공정이 멈춰 선 곳

1

논란의 중심에 선 공정

무엇이 공정인가

"힘든 취업준비생 시절을 거쳐 수백 대 일의 경쟁률을 뚫고 이 자리(인천공항 정규직)에 서 있다. 그런데 왜 이런 과정을 거치지 않은 비정규직들이 너무 쉽게 정규직이 되려고 하느냐. 힘들게 수험 생활을 한 후배들에게 공정한 사회를 물려주고 싶다."•

2017년 11월 23일, '인천공항 비정규직의 정규직 전환방안 공청회' 자리에서 정규직 청년 신입사원이 마이크를 들고 했던 주장이다. 그 자리에는 "무임승차 웬말이냐! 공정사회 공개채용!"이라는 피켓도 눈에 띄었다. 정규직 전환의 대상이었던 한 환경미화 비정규직 노동자의 "청소, 경비 같은 일은 취준생들이 선호하는 일자리가 아니다. 우리가 정규직의 몫을 뺏자는 게 아닌데 가슴에 대못을 박지 말아달라"는 호소도 정규직 청년들의 분노를 막지 못한 것 같다.

그해 5월에 임기를 시작한 문재인 대통령이 '공정사회' 건설을 위한 첫 행보로 인천공항을 방문해 "임기 내에 공공 부문 '비정규직 제로zero' 시대를 열겠다"고 선언한 것이 이 이야기의 발단이었다. 당시 비정규직 직원이 1만 명 규모였던 인천공항공사는 문재인 정부의 제1호 비정규직 제로 대상 기관

• 정유진, 「[정유진의 사이시옷]공정함에 집착하는 불공정사회」, 『경향신문』, 2017.11.28.

이 되어 정규직화 수순을 밟던 중 뜻밖에도(?) 정규직 신입사원들의 강력한 반발에 직면한다. 정규직 청년들이 내세운 거부 논리는 심지어 (불)**공정**이었다. 이들의 주장은 한마디로, 그 어려운 '공채 시험'을 통과해온 자신들과 (그것보다 훨씬 용이하게 입사했을 것이라고 짐작하는) 비정규직들이 대통령 말 한마디로, 단순한 전환 절차만 거쳐서 단번에 정규직이라는 같은 부류가 되는 것이 절대로 공정하지도, 정의롭지도 않다는 것이었다. 그 결과 '정규직이라는 자신들의 멤버십'에 비정규직 직원들을 받아들일 수 없다고 생각한 것 같다.

'공개 경쟁에 의해 채용되어야 공사 정규직 직원이 될 수 있고 그것이 공정한 것'이라는 정규직 청년들의 확고한 믿음의 안쪽을 조금 더 들여다보자. 우선 기업의 정규직이라는 멤버십을 얻기 위해 과연 무엇이 필요한가? 어떤 자격이 필요하기에, 비정규직 직원들은 기업주도 아닌 같은 노동자인 '정규직 멤버들'에게 그 울타리 안에 들어오는 것을 승인받지 못하거나 냉혹하게 거절당해야 하는가? 정규직이라는 자격을 획득하게 하는 공채 시험은 그만큼 절대적이고 객관적인 기준인가? 이런 가정에는 **정규직이라는 자격**이 시험을 통해 공정하게 배분해야 하는 유한한 자원이라는 전제가 깔려 있다.

하지만 찬찬히 돌이켜보면, 정규직이란 원래는 누구라도 어떤 기업에 입사하여 그 기업의 본질적 활동과 관련된 상시 업무에 종사하면 자연스럽게 주어지는 당연한 권리에 가깝다. 기업주는 노동법에 따라 상시 노동을 하는 직원에게 마땅히 그런 권리를 부여할 의무가 있고, 노동자는 법의 보호 아래 자격을 부여받는 것 그 이상도 이하도 아니어야 한다고 노동계는 주장해왔다. 그런 맥락에서 보면, 공사의 정규직 직원들이 거친 공채 과정은 정규직 자격 시험이라기보다, 공사의 사무 전문직 자격 시험이다.

지금과 같은 고용 기반 복지국가(모든 사회복지와 안전망이 고용을 전제로 설계되어 있는 시스템)에서는 어떤 직업 영역에서든, 고용되어 상시 업무에 종사하면 정규직 자격을 주는 것이 기본이고 법이다. 회사에 입사하는 다양한 방법 중 특정한 방법이 자격의 요건이 아니라는 말이다. 즉, 정규직은 공정하게 배분해야 하는 희소한 자격이 아니라 노동자의 **보편적 노동권**에 가깝다. 적어도 현재까지는 그게 사회적 합의다. 특히 고용 기반 복지국가 시스템에서는 안정된 고용이 전제되지 않으면 그에 따른 안정적 소득, 각종 사회안전망(교육, 의료, 노후 대비, 산업 재해 보상, 실업 구제 등)을 보장받을 수가 없다. 결국 정규직 자격은 현실적으로 거의 시민적 권리인 것이다. 그럼 다시 한 번 말을 바꿔 물어보자. **시민이 되는 데 자격 시험이 필요한가?**

조금만 들여다보면 이렇게 명백한 사실 앞에서 정규직 청년들의 시야와 판단력을 가린 것은 무엇이었을까? 어떻게 공정이라는 가치를 내세워 시민의 기본권을 부인하는 주장을 할 수 있었을까? 인천공항공사에서만 일어난 일이 아니다. 이후 서울교통공사에서 약 2,500여 명 비정규직의 정규직 전환 계획을 발표하자 정규직 청년 직원들이 보인 반응 역시 “비정규직, 시험 치고 들어와라” 였다. 이렇듯 한국사회 곳곳에서는 정규직 청년들이 비정규직 등 다른 청년들과 동급으로 취급되는 것을, 또는 그 둘을 구분하는 벽이 무너지는 것을 공정의 이름으로 용납할 수 없다고 반발하고 있다. 이렇게 한국사회 불평등의 뿌리 중 하나인 비정규직을 정규직화하는 과제가 난관에 봉착해왔다.

'어쩌다가' 라는 의문이 꼬리에 꼬리를 문다. 한국사회는 도대체 어쩌다가 정규직 자격을 매우 희소한 자원처럼 받아들이게 되었을까? 누가 혹은 무엇이 정규직 자격을 노동법에 따른 시민적 권리가 아니라, 매우 엄격한 시험을 통과한 일부에게만 주어지는 일종의 보상으로 간주하게 만들어버렸을까? 정규직 청년들은 어쩌다가 시험을 통해 취득한 자신들의 특수한 직무 수행 권리를, 대단히 보편적인 정규직 자격으로 간주하고 자신들의 울타리 안에 비정규직들이 들어오는 것에 분노하게 되었을까? 더 나아가, **공정의 의미는 어쩌다가 특정한 시험을 통한 특정한 공간에서의 '공정 경쟁'으로 줄어들어버렸을까?**

누가 공정을 말하는가

당연한 노동권조차 무력화시키는 정규직과 비정규직 사이의 공채 시험 장벽을 거듭 실감하던 중인 2019년 가을, 한국사회는 그동안 가려졌던 또 다른 장벽의 실체를 확인하게 된다. 정규직 노동자처럼 안정적인 **성 안 사람들**이 되는 길과, 불안정하고 낮은 수준의 임금에 의지해야 하는 비정규직 노동자 등 **성 밖 사람들**이 되는 길이 처음부터 분리되어 있음을 확인시키는 실체 말이다. (물론 엄격히 말하면 정규직이라고 모두 성 안에 있다고 말할 수는 없고, 반대도 마찬가지다.) 즉, 눈에 보이는 공채 시험 통과 여부의 문제가 아니라, 그 시험을 치르러 가기 한참 전부터 두 부류의 삶의 경로가 예정되어 있는 것이 아닌가, 하는 추측이 사실이었음을 확인시키는 증거 말이다.

2019년 하반기 한국사회를 뒤흔든 조국 전 법무장관 임명 논란이 바로 그 계기였다. 그 과정에서 불거진 이슈들 중 시민들에게 가장 민감하게 여겨진 것은 역시 자녀교육과 관련된 대목이었다. 보통의 시민들은 처음 접해보는 방식으로 조국 전 장관의 자녀들이 교육 받고 경력을 쌓은 데 대해, 일부는 법적으로 위반되는 것은 아니니 문제가 없다고 접어버렸다. 하지만 또 다른 일부는 권력을 이용한 특혜를 편법으로 누려왔다면서 (불)공정 이슈를 제기했다. 이 와중에 정작 상당수의 시민들은, 자신과는 동떨어지고 현실감이 없는 사례들을 목도하면서, 한국이라는 같은 공간에 다른 세상이 있다는 것을 처음으로 생생하게 확인했다. 사회적 주목을 받았던 텔레비전 드라마 〈SKY 캐슬〉에 비유하여, 언론은 한국이 성 안 사람들과 성 밖 사람들로 양분된 사회가 되었다고 진단했다.

그리고 이때의 성 안 사람들은 월가 점령 운동이 상징화했던 최상위 1퍼센트, 또는 0.1퍼센트의 재벌이 아니라, 평범한 시민들에게도 그다지 멀지 않은 곳에 존재하는 상위 10퍼센트, 또는 20퍼센트라는 인식이 새롭게 형성되기 시작했다. 이들 층은 결코 얇지 않으며, **기득권 카르텔**을 이룬 하나의 견고한 집단으로서 부모의 기득권과 특권을 자녀들에게 물려주려고 총력을 기울이고 있었다. (바로 이 자녀들이 '금수저'다.) 게다가 이들은 공통적으로 보수적인 정치적 견해를 가진 집단이 아니라는 점도 새삼 확인하게 됐다. 진보 또는 개혁으로 분류되는 인사들도 그 안에 꽤 많이 포함되어 있다는 것을 말이다. 2019년 이후 '성벽'은 더 이상 보수와 진보의 경계선이 아니라는 사실이 밝혀진 것이다.

그런데 여기서 흥미로운 지점은 (불)공정 이슈가 성 안 사람들 사이에서 제기되었다는 것이다. 다시 말해서 조국 임명 논란과 관련해 가장 첨예하게 목소리를 높였던 사람들은 소위 586세대이든 2030세대이든 관계없이, 성 밖 사람들이 아니라 성 안 사람들인 엘리트 기성세대와 SKY(서울대, 연대, 고대 등 명문대) 대학생들이었다는 것이 내 판단이다. (불)공정은 바로 그들이 들고나온 이슈였다. 시비 대상은 대학 입시와 취업을 둘러싼 경쟁 게임에서 조국 전 장관과 그 자녀가 행한 일종의 '합법적 반칙'이었다. 그런데 따져보면, 이 게임 자체가 성 안에서 벌어지는 일이다. 성 밖 사람들의 목소리는 아예 잘 형성되지 않는 분위기였다.

이런 식으로 공정은 성 안 사람들의 전용어가 되었다. 한 번은 성 밖 사람들의 진입을 금지하는 무기로, 다른 한 번은 성 안 사람들 사이의 치열한 경쟁의 무기로.

2

—

공정이
멈춰선 곳

공정 경쟁이라는 함정

앞서 두 종류의 장벽 사례를 확인했다. 하나는 정규직과 비정규직을 가르는 장벽이었고, 다른 하나는 금수저와 흙수저를 가르는 장벽이었다. 그리고 어떤 경우에서든 공정이 성 안 사람들의 전용 무기가 되었다는 점도 지적했다.

또 하나 주목해봐야 할 지점은 공정이라는 키워드가 현실에서 주로 경쟁 상황에 적용되고 있다는 것이다. 즉 **공정 경쟁**이냐 아니냐를 묻는 데 사용되고 있다. 오래 근무한 비정규직이 정규직으로 전환되는 것은 공채 시험을 보지 않았다는 이유로 공정 경쟁이 아니라거나, 조국 전 장관 자녀가 진학과 입시 과정에서 이른바 과도한 부모 찬스를 썼기 때문에 다른 학생들과 공정 경쟁을 하지 않았다는 식이다.

이는 한국사회에서 공정이 일정한 경쟁 시스템 속에서 제한적으로만 작동하는 것으로 특화되어 버렸음을 의미한다. 공정의 잣대는 어떤 경쟁 시스템 내 — 경쟁이 누구나 수용할 만한 절차와 과정에 따라서 치러졌는지, 누군가가 정해진 규칙을 뛰어넘어 특권과 반칙으로 우회하지는 않았는지, 그리고 그 결과 나온 성과에 적절한 평가와 보상이 주어졌는지를 가늠하는 데 — 에서만 쓰이고 있다. 그 시스템 내부에서 사회 구성원 사이를 가로지르는 장벽들은 건드리지 않은 채로.

대학 입시든 공사 공채 시험이든 **경쟁 공간**은 누구나 '참여'할 수 있도록 개방되어 있지만, 바로 그 공간에 들어오기 위해서 '경쟁력'을 갖추는 과정을 어떻게 밟을 수 있었(거나 없었)는지는 아무도 문제 삼지 않는다. 누구는 맨몸으로 들어왔고, 또 다른 누구는 갑옷을 입고 들어온 것이 부당하지 않은지도 따지지 않는다.

하나 더 짚어볼 만한 것은 지금 공정 담론을 주도하는 당사자가 청년들이라고 많은 이들이 인식한다는 사실이다. 앞의 사례처럼, 비정규 직원들의 정규직 전환에 앞장서서 반대했던 것은 청년 신입사원들이었다. 조국 전 장관 자녀 진학과 입학 시비에 목소리를 높였던 것도 주로 SKY 대학생들이었다. 그러자 언론은 청년들이 공정 문제에 예민하게 반응한다고 판단했다. 정치인들도 청년 유권자들의 마음을 얻으려면 청년들이 요구하는 공정에 대한 답을 준비해야 한다는 부담을 느끼고 있다. 그렇다면 청년들이 유독 공정에 민감하다는 인식은 사실일까?

그렇지 않다. 공정에 대한 청년세대와 기성세대의 반응하는 정도 사이에는 결정적인 차이가 없다. 각종 여론조사 결과는 다음과 같은 사실을 알려준다. 한국사회 구성원들은 사회 곳곳의 경쟁 상황에 대해서 대체로 불공정하다고 생각하고 있다. 경쟁 과정에 반칙 등이 개입해도 적절히 제재되지 않거나 방치되고 있기 때문에 공정하지 않다고 보며, 결과에 대해서도 객관적으로 공정한 평가가 이뤄지지 않는다고 생각하고 있다. 20~30대뿐 아니라 한국사회의 거의 모든 세대가 거의 비슷한 수준으로 느끼고 있다.

그리고 공정에 민감하게 반응하는 것이 경쟁 자체를 수용하기 때문만은 아니라는 점도 알 수 있다. 예를 들면 청년들은 기성세대에 비해서 경쟁에 대한 긍정적 인식도 낮고, 경쟁에 따른 격차가 커지는 것에 대해서도 더 부정적이다. 2019년 10월에 실시된 한 여론조사 결과에 따르면 경쟁이 생산성 향상에 도움이 되는가, 라는 질문에 동의한 20대는 73퍼센트였던 반면, 30대 이상은 그보다 약 10퍼센트포인트나 높은 83~84퍼센트가 동의했다. 또한 경쟁에서 이긴 승자가 더 많은 몫을 가져가는 데 찬성하는지를 묻는 질문에 대해서도 20대의 찬성률이 73퍼센트였던 반면, 30대 이상 전 세대의 찬성률은 79~86퍼센트였다.•

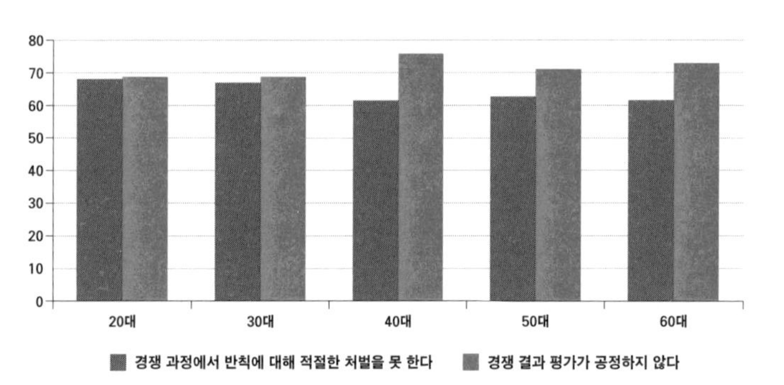

출처: 『시사인』, 한국리서치 여론조사, 2019.3.

이처럼 지금 한국사회에서 공정을 잣대로 정의로운 사회인가 불의한 사회인가를 판단하는 경향은 세대를 초월한다. **청년이 공정에 집착하는 것이 아니라 전 사회가 공정에 목매고 있는 것이다.** 다만 입시와 취업이라는, 인생에서 가장 치열한 경쟁의 현

• 한국리서치, '정치사회 인식조사', 2019.10.

장에 청년들이 있다는 점 때문에, 그리고 지금의 경쟁은 과거에 비해 비교할 수 없을 정도로 더 치열하기 때문에 특히 청년들이 공정 경쟁에 대해 유난히 민감하게 반응하는 것뿐이다. 그래서 세부적으로 물었을 때 그 반응이 증폭되어 나타나고, 이 때문에 청년이 유별나게 공정에 집착한다는 착시 현상이 일어나게 되는 것이다. 당연하게도 경쟁에 대한 피로감을 심하게 느끼는 것 역시 청년들이다.

사회정의의 네 층위

이야기를 더 전개하기 전에 공정에 의해 구분되는 한국사회의 공간 구도에 대해 하나의 가정을 해보려고 한다. 지금까지는 **경쟁 공간**에 대해서만 논의했다. 그리고 암묵적으로 그 경쟁 공간 아래쪽 심층에 정규직과 비정규직, 금수저와 흙수저를 나누는 장벽이 있다고 했다. 이 장벽이 단단하게 구조화된 채 존재하는 현상을 통상 '불평등'이라고 부른다. 그러므로 이 층위를 **불평등 공간**이라고 이름 붙여보자. 이밖에도 성별에 따라, 지역에 따라, 재직하는 회사의 규모에 따라 무수한 불평등의 단층선들이 나 있고, 이 선들이 이루는 전체의 형태는 매우 복잡하다.

지난 10여 년 동안 불평등을 둘러싼 사회적 논의와 언론을 통한 현실 고발은 셀 수 없이 많았다. 2011년 가을 월가에 모인 미국 시민들이 "우리는 99퍼센트다"라는 구호를 들고 최상위 1퍼센트를 향해 분노를 쏟아냈을때, 그리고 2013년에 프랑스 소장 경제학자 토마 피케티Thomas Piketty가 『21세기 자본Capital in the Twenty-First Century』이라는 책을 출간하면서 범세계적으로 불평등 논쟁이 일었을 때 한국사회 역시 불평등에 주목했다.

하지만 그로부터 더 나아가지는 못했다. 정작 현실에서는 불평등이라는 장벽은 깨버려야 할 대상이 아닌 받아들여야 할 조건처럼 인식되었고, 그 조건 위층에서 작동하는 공정 경쟁의 시비만을 따지게 되었다.

그런데 사실 경쟁 공간의 아래쪽에만 층위가 있었던 것은 아니다. 위쪽에도 또 하나의 사회적 층위가 있지 않을까 생각된다. (이렇게 불러도 괜찮다면) 일종의 **절차적 민주주의 공간**이라는 층위 말이다. 2019년 조국 임명 논란 때 불거져 나온 이슈 하나가 자녀 입시와 관련한 공정 경쟁이었다면, 다들 알다시피 또 다른 이슈는 검찰개혁이었다. 흥미로운 것은 이 이슈에 대해서는 청년들보다 기성세대가 민감하게 반응했다는 점이다. 당장의 경쟁 국면에서 개인의 생존을 다투는 데 몰입해 있는 청년들보다는, 기성세대에게 친화적인 공간이 절차적 민주주의 공간이다. 덧붙인다면, 현재 검찰개혁을 매개로 갈등이 전개되고 있기 때문에 편의상 절차적 민주주의 공간이라고 불렀지만, 이 공간에서는 성장과 분배를 둘러싼 쟁점이 불거질 수도 있고, 한일 관계나 한중 관계 같은 전통적인 국민국가 사이의 관계 방식을 두고 관점이 충돌할 수도 있다. 이 갈등들은 공통적으로 20세기 방식의 근대적인 정치, 사회, 국제적 관점의 차이로부터 발생하는 것이며, 이 때문에 이 공간은 대체로 기성세대들에게 주목받는다.

정리하면 한국사회에는 이렇듯 다수의 분절화된 경쟁 공간 층위를 중심으로 아래쪽에 불평등 공간이 존재하며, 또 그 위로는 절차적 민주주의 공간이 존재한다고 가정해볼 수 있다. 2019년 9월에 한국사회가 겪었던 것은 이 세 공간들이 동시에 드러난 사실상 초유의 풍경이었다. 그 중 맨 위의 절차적 민주주의 공간에서 기성세대가 전쟁을 치르는 와중에 청년세대는 한 발 떨어져 있었다. 반면 경쟁 공간에서 일부 청년들이 치른 전쟁에는 또 일부의 학부모들이 심정적으로 연결되어 있지 않았을까 짐작한다. 그리고 더 아래쪽 불평등 공간에서는 갈등의 뿌리가 불평등에 있다는 탄식의 목소리가 산발적으로 나왔지만 사회적 쟁점으로는 거의 주목받지 못했다. (그리고 그 와중에 상당수는 불평등한 삶의 바쁜 일상에 갇혀 절차적 민주화에도, 공정 경쟁에도 신경 쓸 여유가 없었다.)

게다가 이게 다가 아니다. 불평등 공간 심연에는 불평등이 세대를 이어 확대·재생산되는 **세습 공간**이 숨어 있다. 지금까지의 불평등 논쟁은 주로 세대 간 불평등이냐 또는 세대 내 불평등이냐, 라는 쟁점을 중심으로 전개되었지만 어쩌면 이는 핵심을 벗어난 것일 수 있다. **사회의 단층선**cleavage**은 단순히 세대 혹은 계급만을 기준으로 그어지지 않는다. 경쟁 공간들을 떠받치는 소득과 자산, 교육 등의 불평등 층위가 존재한다면, 그 아래에 세습화라는 심층이 있어 이들 층위가 복합적으로 작용하고 있다고 봐야 한다.**

사회 전체에서 생산되는 소득 등이 (세대를 가릴 것 없이) 얼마나 불평등하게 분배되고 있는지가 불평등 공간의 문제라면, 세습 공간의 문제는 기성세대의 상위 기득권층이 자신들의 경제·사회적 지위를 자녀들에게 물려주는 것이 정당한가, 에 대한 것이다. 조국 임명 논란 과정에서 시민들의 내면에 가장 깊은 상처를 남긴 것은 바로 이 층위에서 벌어진 일이 아니었을까? 사회 맨 밑바닥에서 불평등의 세습이 작동하고 있다는 것은 21세기 문명사회의 가장 지독한 역설이다.

지금까지 설명한 한국사회의 층위를 그림으로 표현해보면 다음과 같다.

한국사회 공정-정의 담론의 네 층위

심도	층위	작동 차원	주요 이슈 사례
표층	절차적 민주주의 공간	표층 사회적	검찰 개혁
↕	경쟁 공간	국지적	대학 입시 제도, 대기업 및 공공기관 공채 시험 제도
	불평등 공간	심층 사회적	정규직·비정규직 차별 대기업·중소기업 차별
심층	세습 공간	시계열적	특권 세습 구조

공정할 기회, 공정할 자격

위 그림처럼 한국사회를 구성하는 4개의 층위를 입체적으로 들여다봤을 때, (不)공정 이슈가 갇혀 있는 곳이 바로 위로부터 두 번째 층위다. **그 아래의 세 번째, 네 번째 불평등 공간과 세습 공간이야말로 어쩌면 가장 전면적으로 공정 논쟁이 벌어져야 할 영역이지만 이상하게도 실제 현실에서는 제대로 논쟁이 되지 않는 층위들이다.**

세 번째, 네 번째 층위들에 공정의 잣대를 들이대보면, 이런 질문이 발생한다. 왜 정규직과 비정규직 사이에, 대기업과 중소기업 사이에, 서로 다른 학벌 사이에, 남녀 사이에 이토록 임금 격차와 고용안정 격차가 끊임없이 확대되는가? 이것이 진정 각자의 능력과 노력을 반영한 공정한 현상인가? 왜 부유한 부모를 둔 아이들은 처음부터 유리한 출발을 하는가? 왜 부모로부터 물려받은 것이 없는 아이들은 능력을 발휘할 최소한의 기회조차 갖지 못한 채 대학 등록금과 생활비를 마련하기 위해 아르바이트를 전전해야 하는가? 부모의 능력에 따라 자녀들의 기회가 달라지는 것이 정말 공정한가?

현실에서 공정이 성 안 사람들의 전용어로 사용될 때 이 용법의 전제는 늘 각자의 능력과 노력에 따라 성과가 주어지는 것이 정의이고 능력주의meritocracy이며, 능력주의가 잘 작동하면 공정하다는 대의명분이다. 비정규직의 정규직 전환에 반대하는 이유도 결국 능력 검증 절차를 거치지 않았다는 것이다. 성 안 학생들 사이에서는 진학 스펙을 쌓는 과정에서 편법을 동원한 것이 시비의 대상이 된다. (그 능력이 정말 당사자의 능력인지 혹은 부모의 능력인지, 혹은 운인지, 사회적 환경이 준 선물인지는 시비 대상이 아니다.)

그러면 이 대목에서 잠시 정의와 공정이 본래 정치사회에서는 주로 어떤 국면에서 적용되고 힘을 발휘해왔는지를 점검해보는 것도 좋을 것이다. 철학자 존 롤스John Rawls가 주창한 **공정으로서의 정의**로 돌아가보자. 자신의 능력이나 의지가 아니라 스스로 어찌할 수 없는 운이 끼어드는 등의 변수까지를 감안해서, 일정 수준 이상의 공정을 담보한 사회를 설계하기 위해 롤스가 동원한 개념이 바로 **무지의 장막**veil of ignorance이다. 그는 사회 구성원 개개인이 어떤 환경을 지니고 세상에 태어날지 알 수 없는 (예를 들어 부잣집에 태어날지 가난한 집에 태어날지, 남자로 태어날지 여자로 태어날지 등) 무지의 장막 속에 있다고 가정하고, 운이 나빠 최악의 환경에서 태어날 것까지를 감안한 상황에서 선택하는 사회제도라면 공정할 것이라고 예상한 것 같다. 즉 롤스는 최악의 상황이라도 사람으로 살아가도록 기본재primary goods(예컨대 식량, 의료, 교육 등 삶에 필수적인 요소들)를 제공하는 제도를 갖춘 사회를 공정한 사회로 보았다.

이 논리에 따라, 만약에 우리가 다시 태어날 때 어느 부모에게서, 어느 시대에 태어날지 모른다고 가정하고 설계하는 공정사회란 어떤 모습일까? 가난한 집 자녀로 태어나도 기본권을 박탈당하지 말아야 하고, 일자리 구하기가 하늘의 별따기인데다 임시직이 넘쳐나는 시기에 태어나도 먹고 살 궁리가 가능해야 하지 않을까? 그것이야말로 공정한 사회의 최소 조건이 아닐까?

롤스의 가정을 확장한다면, 단 한 번의 시험(대입 시험이든, 행정·사법고시든)을 통과한 대가로 영원히 특권적이고 안정적인 소득이나 지위를 보장해주는 사회라면, 그곳은 매우 불공정한 사회가 아닐까? 무지의 장막 뒤에서 자신이 어떤 사람으로 —

가령 특정 유형의 시험으로는 능력을 충분히 드러내는 데 약한 사람으로, 또는 아르바이트를 뛰면서 겨우 시험 공부를 할 수밖에 없는 사람으로, 다른 불운이 겹쳐 시험 칠 때를 놓친 사람으로 — 태어날지도 모르는 상황에서, 단 한 번의 시험에 일생의 운명을 걸어야 하는 사회를 받아들일 수 있을까?

언젠가 미국의 명문 학교인 헌터중고등학교 졸업식에서 열여덟 살의 졸업생 한 명은 이렇게 연설을 했다고 한다. (일단 합격하면 이후 장래가 보장되는 헌터중고등학교는 오직 하나의 '객관적인' 기준에 따라 입학을 결정한다. 그것은 세 시간 동안 치르는 단 한 번의 시험이다.)

"우리가 무료로 우수한 교육을 받은 것은 우리가 네 살 때, 혹은 열한 살 때 치른 시험 성적, 오직 그 한 가지 때문입니다. 우리는 '타고난 인재'라는 지위를 부여받아 훌륭한 선생님들의 가르침과 그 외에 많은 지원을 받았습니다. 그런 지원이 우리보다 훨씬 더 절실한 다른 친구들은 그동안 엉망진창이 된 사회체제에서 허우적대고 있었지요. 그런데 순전히 운과 환경 덕분에 우리가 원하던 삶을 살아온 우리는 지금 인생의 절정에 있습니다."

Hayes, 2013

공채로 정규직이 된 이들이, 자신과 같은 직장에서 차별받으며 오래도록 일해온 비정규직들이 정규직으로 전환되려는 순간에, 공채 과정을 거치지 않고는 정규직이 될 수 없다면서 공정을 외치는 것이 이 소년의 눈에는 어떻게 비칠까? 그 공채 시험은 어떤 이유로도 특혜를 영원히 누리는 정규직 보증서가 될 수 없다. 앞에서도 말했듯이 정규직은 시험과 무관하게 기초적인 노동권이다. 공채 시험이 검증한 것은 기껏해야 해당 직무에 대한 (영원한 것이 아닌 당시의) 능력이다. 그렇다면 우리는 **공정한 기회와 그 기회를 보장받을 자격에 대해 다시 고민해봐야 하지 않을까?**

다시 말해서 경쟁 공간에 국한된 공정은, 태어난 배경이나 성장 과정에서의 불운 등을 전혀 문제 삼지 않은 채, 오직 특정 국면에서의 경쟁이 절차적으로 공정하고 그 결과에 대한 평가가 객관적이기만 하면 정의로운 사회라고 받아들이는 개념이다. 이는 태어난 배경 때문에 사회적으로 우월한 위치에 있고 성장 과정에서 행운이나 혜택을 누린 강자들이 처음부터 우위를 점한 채 진입한 경쟁 공간을 인정하는 강자의 논리일 수 있다. 링에 오르기 전에 이미 승부가 결정 난 것이나 다름없다면 아무리 링 안의 규칙이 공정하다 한들 그게 무슨 소용이란 말인가? 이는 체급을 구분하지 않고 경량급 선수와 헤비급 선수가 싸우게 하는 것과 다르지 않다.

이 지점에서 추가로 참고할 만한 것이 노벨 경제학상 수상자 아마르티아 센Amartya Sen의 정의론이다. 그는 **역량 접근법** capability approach을 통해 정의 개념을 롤스의 그것보다 훨씬 적극적으로 규정한다. 롤스는 정의를 위해 모든 이들에게 똑같이 최소한의 기본재primary goods를 주어야 한다고 했지만, 센은 모든 이들에게 똑같이 주어야 할 것은 무언가를 실현할 **역량**이라며 한 발 더 나아간다. 모두가 동일한 수준의 역량을 갖도록 하기 위해서 때로는 약자들에게 더 우월한 기본재를 주어야 한다는 것이다. 예를 들면, 출퇴근의 편의를 높이기 위해 모두에게 동일하게 자전거를 지급해줘야 한다는 것이 롤스의 주장이라면, 센의 정의 원칙에 따르면 장애인에게는 전동 휠체어를 사주어야 한다. 그래야 출근 역량이 동일해지기 때문이다. 공정이나 정의의 개념을 경쟁 공간에 국한해서 적용하는 관점에서는 도저히 이해할 수 없는 발상일지도 모른다.

이제 공정이라는 가치를 경쟁 공간이라는 좁은 틀에서 해방시켜야 한다. 공정은 불평등을 해소하고 차별을 줄이는 약자의 무기로 되돌아와야 한다. 성 안의 경쟁 공간이 아니라, 성 안팎을 나눈 성벽의 존재가 과연 공정한 것인지를 따져 물어야 한다. 한 사회를 성벽이 가로지르고 있고, 처음부터 성 안 사람들과 성 밖 사람들이 나뉘는 것 자체가 ('신분사회'처럼) 매우 불공정한 것이라면, **공정은 성벽을 부수는 성 밖 사람들의 무기가 되어야 한다. 그럴 때 비로소 공정은 정의로운 무기가 될 것이다.**

3

–

불평등의 진화, 세습자본주의

공정이라는 가치를 강자의 자기방어 논리가 아닌 약자의 불평등 타파 논리로 바꿔내기 위해서는 불평등의 두 가지 층위를 구분해야 한다고 앞에서 말했다. 사실 시장경쟁을 수용할 때 어느 정도의 불평등을 피할 수 없다는 사실은 누구도 부인하지 않을 것이다. 다만 소득 및 자산 격차가 사회가 용인하는 일정한 한계 범위를 넘어서게 되면 심각한 사회문제가 될 수 있다. 그런데 이 한계 범위는 대체로 자신의 능력과 노력에 따른 성과 범위로 여겨진다. 누군가가 반칙이나 편법, 또는 특권이나 특혜를 통해 자신의 능력 범위를 넘는 소득과 부를 편취하게 되면 (불)공정 이슈가 제기되고, 이런 편취가 반복되면 소득 및 자산 불평등이 심화되는 것이다.

그런데 만약 어떤 사회에서 능력 범위를 넘어서는 편법이나 반칙이 예외적으로 일어나는 것이 아니고, 지위, 소득, 부가 과도하게 특정 계층에 몰린 결과 합법적으로 반복되고, 그 때문에 구성원 개개인의 능력과는 상관없이 불평등이 확대되는 상태라면 어떻게 되는가? 근대적인 봉건사회도 아니고, 신분제도가 완전히 해체되어 모든 사회 구성원이 평등한 시민으로서 정치적·사회적으로 동일한 권리를 행사하는 21세기 문명사회에서 이게 가능한 일인가? 이 질문에 대답하기 위해 한두 세대 이전 과거와 현재를 비교해보자.

"1959년 6월 10일은 덥고 화창했다. 하지만 150여 명의 졸업생들이 홍분으로 상기된 얼굴을 하고, 졸업장을 손에 쥔 채로 시내 중심부에 자리한 포트클린턴 고등학교의 계단으로 우르르 내려가던 저녁 무렵에는 시원해졌다. 우리는 아직 이리호Lake Erie 기슭에 위치한 6,500명(대부분 백인)이 거주하는 이 유쾌하고 친근한 도시에서의 어린 시절을 떠나보낼 준비가 되어 있지 않았지만, 미래에 대한 확신으로 가득 차 있었다. 늘 그랬듯이 졸업식은 공동체 전체의 축제였고 참석 인원은 1,150명에 이르렀다. 가족이든 아니든 간에 마을 사람들은 모든 졸업생들을 '우리 아이들'로 생각했다."

Putnum, 2015

'사회적 자본' 개념으로 잘 알려진 미국 원로 사회학자 로버트 퍼트넘Robert Putnum이 오하이오주 포트클린턴에서 있었던 자신의 고등학교 졸업식을 회상한 대목이다. 그는 1950~1960년대의 미국에서는 비록 소수인종이나 여성에 대한 차별은 심각했지만, 적어도 부유한 아이들과 가난한 아이들을 가르는 사회·경제적 장벽은 높지 않았다고 기억해낸다. 부유한 동네와 가난한 동네가 지리적으로 분리되지는 않아서, 부자 아이들과 가난한 아이들이 한 반에 섞여 있었고 처음 몇 달 동안은 누가 부자인지 눈에 띄지도 않았다고 한다. 학교에서 과도하게 부유한 티를 내지 말라고 부유한 부모가 자녀를 교육했기 때문이다. 비록 대학에 가지 않는 아이들이 압도적으로 많았지만, 그들의 인생이라고 해서 꼭 암울하지는 않았다고 한다. 블루칼라 일자리가 풍부했고, 블루칼라와 화이트칼라 간 연봉 차이도 지금처럼 크지 않았기 때문이다. 이는 흔히 미국 베이비부머 세대라고 불리는 전戰후세대, 또는 1960년대 베트남 참전 반대와 흑인민권운동을 경험한 68세대를 망라한 특징이다.

한국은 어떨까? 퍼트넘이 고등학교를 졸업한 1959년의 미국사회와, 내가 고등학교를 졸업한 1983년의 한국사회를 비교해보자. 비록 20여 년의 시차가 있고 엄청난 경제력 격차가 있지만 두 사회의 상황은 거의 비슷했다는 것이 내 기억이다. 더구나 당시 한국은 고교 평준화가 실행되던 시절이어서 대부분의 학교에서는 다양한 학력 수준의 학생들이 한 반에 섞여 있었고 아주 예외적인 곳 빼고는 부유한 동네와 서민 동네가 지리적으로 확연히 분리되지도 않았다. 그 때문에 한 교실에서 부유한 아이와 가난한 아이가 함께 공부하고 어울리는 것이 낯설지 않았다. 비록 대학에는 20퍼센트밖에 진학하지 못했지만 고등학교만 졸업해도 취업할 일자리는 많았고 그렇게 구한 직장이 비정규직이거나 불안하거나 연봉이 결정적으로 낮은 것은 아니었다. 중소기업 임금이 대기업의 절반에 불과한 지금과 달리, 1980년대까지만 해도 대기업과 중소기업 임금 비율은 100 대 80쯤 되었기 때문이다. 이런 환경이 바로 나를 포함한 586세대(대체로 1960년대에 태어나 대학을 진학하든 하지 않든 1980년대에 성인이 된 세대)가 자란 시대적 토양이었다.

1959년의 미국과 1983년의 한국에서 아이들의 미래를 결정하는 것은 상당 부분 각자의 능력과 노력이었다. 노력을 해서 부모가 물려준 계층으로부터 사다리를 몇 칸 올라가는 일도 있었다. 미국에서는 이를 아메리칸 드림이 실현되는 사회라고 불렀고, 우리는 이를 '개천에서 용 나는' 사회라고 불렸다. 세대에 대한 긴 안목으로 이런 환경들을 보면, 미국 베이비부머 세대와 한국 586세대의 경제·사회적 토양은 비슷해 보인다.

부모보다 못 사는 최초의 세대

그 후 미국에서는 약 두 세대가 지나갔고 한국에서도 한 세대가 지나가고 있는 중이다. 그동안 세상은 어떻게 바뀌었을까? 힌트를 얻기 위해 연설문 하나를 인용해보자. 2020년 2월 현재 두 번째로 민주당 대선 후보 경선에 뛰어든 버니 샌더스Bernie Sanders가 2010년 상원의원 시절 '부자 감세' 통과를 비판하면서 했던 8시간 37분짜리 필리버스터는 지금도 유명하다. 그 연설 안에는 다음 같은 대목이 있었다.

"우리는 아이들과 손주들이 부모보다 낮은 생활수준을 영위하는 최초의 세대가 되는 것을 지켜보고 싶지 않습니다. 우리는 이 나라의 경제가 잘못된 방향으로 흘러가길 바라지 않습니다. 우리는 경제가 바닥으로 추락하기를 바라지 않습니다. 우리는 보다 오랜 시간을 일하기를 바라지 않습니다. 그런 것은 이같이 위대한 나라의 역사가 될 수 없습니다."

여기서 핵심은 '나의 세대보다 어려워질 나의 아이들의 세대가 현실이 될 수 있다'는 가정이다. 나를 포함한 기성세대들이 오랫동안 의심해본 적이 없는 공리公理 같은 가정이 있다면, 바로 '모든 자녀세대의 형편은 부모세대보다 나아졌고 앞으로도 당연히 그럴 것'이라는 가정이다. 그런데 샌더스 의원은 노령에도 불구하고 세상이 달라지고 있음을 이미 10년 전에 꿰뚫은 것 같다. **다음 세대가 어쩌면 부모보다 못사는 최초의 아이들이 될 수도 있다는, 이 변화의 함의는 정말 굉장하다고 생각한다.** 어째서인가? 가난한 집안의 아이들이 부모보다 더 가난해질 수 있을 뿐만 아니라, 중산층의 아이들조차 항상 계층 사다리를 올라가서 더 잘사는 상위층이 되는 것은 아니고 가난한 계층으로 추락할 확률이 높아진다는 이야기이기 때문이다. 이 이야기는 다음 세대로 갈수록 새로운 기회가 넓어지고 계층 사다리를 타고 올라갈 가능성이 높아지는 것이 아니라, 거꾸로 기회는 좁아지고 계층 사다리 아래로 추락할 개연성이 커진다는 뜻이기도 하다.

세상이 이렇게 바뀌면 상위 20퍼센트 부모들은 자녀들의 지위를 지켜주기 위해, 모든 자원을 동원하여 기를 쓰고 전쟁을 치를 것임을 예측할 수 있다.

그렇다면 과연 샌더스의 말대로 부모보다 못한 세대가 정말 현실로 나타나고 있을까? 일단 미국의 연구를 보면, 그렇다. 라즈 체티Raj Chetty를 필두로 한 일군의 경제학자들은 미국에서 1940년에 태어난 세대부터 1984년에 태어난 세대 사이의 여러 세대 그룹을 대상으로, 조사 대상자의 30세 때 가구 소득이, 부모의 30세 때 소득보다 높아졌는지를 조사했다. 그랬더니 1940년대 출생자의 경우는 대부분(90퍼센트)이 부모보다 더 높은 소득을 벌어들이고 있었다. 하지만 1980년대 출생자(2020년 현재 기준으로 31~40세)들의 경우에는 부모보다 높은 소득을 올리는 경우가 겨우 절반에 불과했다. 이 추세가 계속 이어지고 있다면 40세 미만 세대 중 절반 이상이 적어도 소득 측면에서는 부모보다 못한 삶을 살고 있다는 뜻이다. 이는 소득분포의 전 계층에 걸쳐서 일어난 현상인데 특히 중산층에서 심각했다.

태어난 연도별로, 부모보다 소득이 더 높을 확률

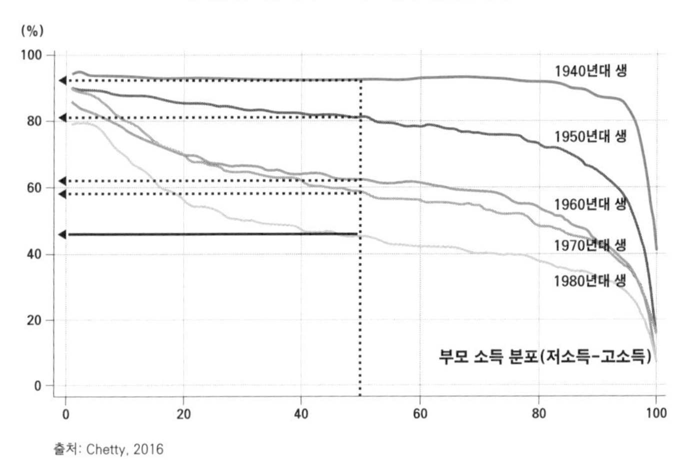

출처: Chetty, 2016

이들은 이 새로운 현상을 일컬어 아메리칸 드림의 퇴색이라고 표현했다. 왜 이런 일이 발생한 걸까? 과거보다 경제성장률이 낮아진 탓도 있지만 결정적인 원인은 소득 불평등이었던 것으로 보인다. 만약에 소득 불평등이 개선되었다면 1980년대 출생자 중 적어도 80퍼센트는 부모보다 더 높은 소득을 올렸을 것이라고 분석되었기 때문이다.(Chetty, 2016) 불평등이 실제 세대를 이어 누적되면서 어떤 영향을 주는지 명확히 알 수 있는 대목이다. 뒤에서 확인하겠지만 한국사회도 비슷한 길을 걷고 있으며, 대부분의 21세기 경제협력개발기구OECD 국가들에서 이런 추세가 나타나고 있다.

잃어버린 아인슈타인들

지금 세대의 소득 불평등 누적은 자산 불평등 확대로 귀결되고, 이는 다음 세대에서 다시 확대·재생산될 것이다. 과거 세대에게 축적된 자산이 미래 세대의 운명을 사전에 결정해버리게 되면 미래 세대는 동일한 출발선에서 비슷한 기회를 꿈꾸며 경쟁하는 것이 원천적으로 불가능해진다. 부모가 누구인가에 따라 성장하는 동네나 환경이 달라지고 이것이 미래의 기회에 영향을 준다. 특히 청소년 시기의 교육 수준은 본인의 희망이나 노력보다는 부모의 재력에 따라 확연히 나뉘게 된다. 누군가가 부모의 지원 없이 대학에 간신히 입학했다 하더라도 높은 등록금 문턱에 걸려서 대학 시절 동안 사회 진출로 연결할 전문 역량을 효과적으로 쌓기가 쉽지 않다. 한국의 청년들이 왜 그렇게 대기업이나 공공기관의 공채 시험에 큰 관심을 보이고, 엄청난 경쟁률에도 불구하고 지원하는가? 그나마 어떤 부모에게서 태어났는지를 묻지 않고 지원자의 역량만 평가하는 것처럼 보이는 시스템이기 때문일 것이다. 물론 이조차도 부모의 도움으로 시험에 집중할 수 있는 청년과 아르바이트를 병행하면서 준비하는 청년에게 전혀 평등한 기회가 아니지만.

이와 관련하여 탁월한 불평등 연구자인 체티가 해낸 또 하나의 분석인 '잃어버린 아인슈타인들Lost Einsteins'을 보자. 그는 특허 데이터를 바탕으로 부모의 가구소득 100분위에 따른, 자녀들이 발명가가 될 확률을 도출해보았다. 그랬더니 중위소득 이하 부모들의 자녀들이 발명가가 되는 비율은 1,000명당 0.84명에 불과한 반면, 상위 1퍼센트 부모들의 자녀들의 경우 그 10배인 8.3명으로 나타났다. 부모 소득과 발명가 자녀 비율 사이에 확실한 상관관계가 존재하는 것이다.

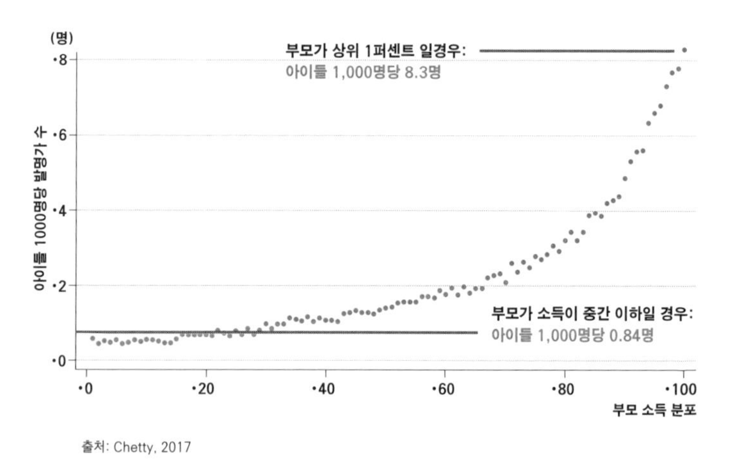

출처: Chetty, 2017

연구자들은 부모 소득에 따른 차이뿐 아니라, 젠더와 인종에 따른 차이까지 추가로 밝혀내고 유사한 상관관계를 발견한다. 그리고 소득이나 젠더, 인종 등 자녀들이 발명가가 되지 못하게 하는 사회적 요인들을 제거해 미국의 모든 자녀들에게 온전한 기회를 준다면, 미국에서 발명가가 될 아이들은 지금의 4배로 늘어날 것이라고 예측했다. 다시 말하면 자녀들에게 영향을 미치는 자산과 소득 격차를 줄이고 젠더 및 인종과 관련된 격차까지 줄이면 미국사회 전체가 훨씬 더 혁신적인 사회가 될 것이라는 뜻이다. 부모 자산이나 소득이 자녀들에게 정확히 어떤 영향을 미치는지에 대한 연구가 한국에서는 아직 많이 부족하다. 그러나 흙수저 논쟁이 이미 꽤 오래전에 시작된 것에 비추어볼 때 한국의 추세도 크게 다르지 않을 것이다.

'잃어버린 아인슈타인들'이 의미심장한 것은 부모가 누구인지에 따라서 자녀의 자산과 소득뿐만 아니라, 그들이 재능과 잠재력을 얼마나 현실화시킬지도 미리 결정된다는 점에서다. 그리고 이는 사회 전체의 발전이라는 측면에서도 '비효율적'인 결과를 초래한다. 노벨 경제학상 수상자 조지프 스티글리츠Joseph Stiglitz는 공정한 기회를 만드는 데 정부가 실패하면 이는 단지 불공정한 결과로 이어질뿐 아니라 비효율적 결과까지도 수반한다("It's unfair, and it's inefficient.")고 지적한다. 불평등의 세대 간 전이를 차단하는 것은 청년만을 위한 것이 아니라 사회 전체를 위한 일이라는 말이다.

여기, 노년까지 빚을 지고 갈 우리 아이들

앞서 1959년 미국과 1983년 한국의 고등학교 졸업 장면을 간단히 스케치해보았다. 이제 다시 현재로 돌아와보자. 퍼트넘은 치밀하게도 1959년 졸업식에 참여했던 동기들의 자녀들까지 조사한 후 이런 결론을 내린다. "1959년 졸업반 구성원들의 자녀들은 평균적으로 그들의 부모를 넘어서는 교육적 진전을 경험하지 못했다. 1959년 졸업반 구성원 대부분을 상층으로 이끌었던 에스컬레이터는 그들의 아이들이 탑승할 차례가 되자 돌연 멈춰 섰던 것이다." (Putnum, 2015) 일단 아이들이 사는 동네부터가 달라졌다. 부유한 동네와 가난한 동네는 지리적으로 확실히 분리되었다. 부유층이 거주하는 동네의 교실은 당연하게도 부유한 아이들로 채워진다. 이런 학교들은 후원금도 넉넉하여 학생들을 위해 많은 비용을 지출한다. 반면 가난한 지역의 교실은 경제적 형편이 좋지 않은 아이들로 채워지고, 최상의 교육 환경을 만들어주기에는 학교 재정 사정도 여의치 않다. 그 결과는 무엇일까? "고소득 가정과 저소득 가정의 아이들 사이에서 나타나는 성취도 격차는 2001년에 태어난 아이들 사이에서 대략 30~40퍼센트포인트 정도 더 커졌다. 이들보다 25년 전에 태어난 아이들에 비해서 말이다."

퍼트넘이 묘사하고 있는 현재의 미국 상황은 (이제 20여 년간의 시차가 없어지고 국민소득 간격도 줄어든 채로) 오늘날 한국에도 완전히 적용될 수 있지 않을까? 현재 나와 같은 586세대는 조국 전 장관처럼 학부모가 되어서 자녀들을 교육시키고 대학에 보내거나 취업 준비를 챙겨주고 있을 것이다. 서울 강남구의 조사에 따르면 강남구 평균 사교육비가 연 1,800만 원이라고 한다. 3년이면 5,400만 원이다. 여기에 입시 전문가인 '엄마'가 한 명 더 생긴다고 해서 '맘케어'라고 불리는 입시컨설팅 비용은 1년에 5,000만 원이다. 현재 한국사회의 연간 중간소득이 4,500만 원인 것을 고려하면, 내 세대의 최상위 엘리트 부모들은 매년 자녀 사교육비로만 보통 사람의 연소득을 지출하고 있는 셈이다. 반면 소득이 여의치 않은 부모의 자녀들은 연 800만 원의 대학 등록금이 없어 휴학·복학을 반복하며 최저임금 아르바이트를 전전한다. **이런 상황에서 압도적으로 많은 부모들이 자녀들의 미래가 자신들보다 나을 것이라는 생각을 내려놓고, 자녀들 앞에 더 상위 계층으로 가는 에스컬레이터가 펼쳐지리라는 기대를 접고 있지 않을까?** 지금 나의 아이들이 사는 세상은 내가 20대에 살았던 세상과 완전히 달라졌다.

2019년 5월 19일 미국의 한 대학 졸업식장이 미국은 물론 전 세계에서 화제가 되었다. 졸업식 축사를 하러 온 한 억만장자가 그 학교 졸업생 전원의 학자금 대출금을 모두 갚아주겠다고 약속했기 때문이다. 그는 한 유명 투자회사 최고경영자CEO인 로버트 스미스였고 '로또를 맞은' 학생들은 애틀랜타에 있는 사립대학 모어하우스 칼리지 학생들로, 주로 흑인이었다. 스미스는 한 졸업생과 악수하면서 "빚 걱정하지 말고 세상에 나가서 일하라"고 격려했다고 한다. 도대체 졸업생들은 등록금 때문에 얼마나 많은 빚을 지고 있었던 것일까? 언론 보도에 의하면 1인당 평균 3만5,000~4만 달러(약 4,000만~5,000만 원)였다고 하니, 400명 이상의 졸업생 대출을 모두 합하면 적은 금액이 아니었을 것이다.

미국 대학의 등록금이 세계 최고 수준이고 이 때문에 학자금 대출 부채가 신용카드 부채 규모를 추월해 미국 가계와 경제 전체에 가장 큰 부담을 주고 있음은 잘 알려진 사실이다. 미국 대학생 약 4,500만 명이 진 빚의 규모가 약 1조 6,000억 달러(약 2,000조 원)에 달한다. 심지어 60세가 넘어서까지 학자금 대출을 갚아야 하는 사람이 있을 정도라니 앞에 언급한 억만장자의 선행이 언론의 집중 조명을 받을 만도 하다.

지금의 대학 졸업식 풍경은, 빚을 안고 사회에 나가야 하는 청년들과, 막대한 부모의 유산과 안전한 미래가 기다리는 청년들로 완전히 갈라져 있음을 상기시키는 슬픈 미담이 아닐 수 없다. 빚을 안고 가야 하는 청년들은 어떤 억만장자가 돌연 나타나서 선행을 베풀어주는 행운이 없는 한, 그 짐을 노년까지 지고 갈지도 모른다. 이런 풍경은 (이제는 시차를 따질 것도 없이) 한국과 미국에 똑같이 펼쳐져 있다.

4

대분열된 한국사회

한국사회, 네 개의 세상으로 나뉘다

한 세대 이상 건너오면서 불평등이 더 심화된 결과로 나타난 사회의 지형을 구도화해본다면 어떤 모습일까? 세대를 나누는 단층선과 계급 단층선 중 어느 것이 핵심인지를 두고 지금도 논쟁이 벌어지고 있다. 하지만 나는 세대와 계급의 단층선이 모두 적용되어야 하고 그 상호관계의 구도가 과거와 달리 상당히 복잡해졌다는 가설을 세워보려 한다. 이를 단순화해보면 종적으로는 586세대와• 2030세대 사이에 단층선이 있고 횡적으로는 상위 10퍼센트와 나머지 90퍼센트 혹은 상위 20퍼센트와 나머지 80퍼센트를 가르는 단층선이 동시에 나타나고 있다고 생각한다. (상위 10퍼센트가 적절한지 아니면 상위 20퍼센트가 적절한지에 대한 명확한 판단 기준을 제시하기는 쉽지 않다. 여기에서는 중상위층을 포괄한다는 정성적인 의미로 상위 20퍼센트라는 범위를 사용하겠다.) 그런 맥락에서 한국사회의 분할 양상을 단순화해보면 아래 그림 같은 구

• 여기서 '586세대'를 간단히 정의하고 넘어가자. 기성세대와 청년세대 간 구도가 서구에서는 통상 '베이비부머 세대 대 밀레니얼 세대'로 대표되는 것처럼, 여기에서는 '586세대'와 '2030세대'를 구도의 양쪽에 놓아보려고 한다. 이때 586세대는 말 그대로 "1960년대에 출생해서 1980년대에 대학을 나온 50대"라는 좁은 개념이라기보다, "1950년대 말에서 1970년대 초반에 태어나 교육 평준화 혜택을 받고 1980년대를 전후해서 성인이 되어 1997년 외환위기 이전에 취직해 자리를 잡은 세대"의 대표격으로 쓴다. 반면 2030세대는 "1970년대 후반 이후에 태어나고 1997년 외환위기 이후에 사회로 진출하여 신자유주의 경제 환경에서 사회생활을 경험해온 세대"를 가리킨다. 위 설명에서도 드러나듯이, 두 세대를 구분하는 가장 중요한 계기 중 하나는 1997년 외환위기다. 그 이전에 사회에 진출했는지, 그 이후에 했는지에 따라 경제사회적 경험이 매우 달라진다고 생각하기 때문이다. (2000년대에 성인이 된 세대와 2010년대에 성인이 된 세대 사이에도 차이가 있겠지만 여기서는 특별히 다루지 않는다.)

도가 가능하지 않을까 생각한다.

계급·세대에 의해 나뉜 한국사회 대분열 구도

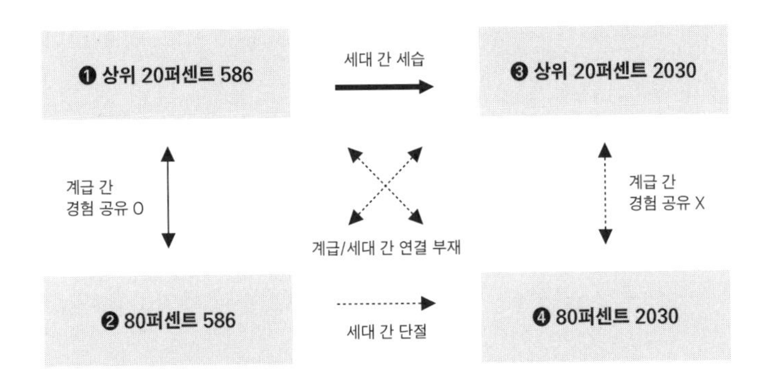

우선 ① **상위 20퍼센트 586**을 살펴보자. 1980년대의 대학 진학률이 대략 25퍼센트였으므로 이들의 학력은 거의 4년제 대졸일 것이고, 순자산이 4억 5천만 원(가계금융복지조사 결과 상위 20퍼센트 최저선) 이상일 것이며, 대체로 8억 원 이상(상위 10퍼센트의 최저선)일 것이다. 통상적인 경상소득은 연봉 기준 7,500만 원(상위 20퍼센트) 이상일 것이고, 대체로 1억 원(상위 10퍼센트)을 넘을 것이다. 이 범주에는 정치적으로 보수적인 견해를 가진 집단뿐 아니라 스스로 진보적이라고 생각하는 집단도 포함되며 주로 남성으로 대표될 것이다. 흔히 말하는 운동권 586 중 상당수도 이 범주에 있을 것이다. 이 중에는 '노동조합이 조직된 대기업 정규직'도 포함되어 있겠지만 그들의 비중을 너무 과장하면 안 되고, 실은 의사와 변호사, 대학교수, 언론인 등 핵심 엘리트들이 최전방에 있고, 유력 금융회사 멤버들, 중견 공무원이나 공사 중견 간부들, 부동산 자산가들과 중소기업가들도

있을 것이다. 이들의 상징 표본으로 50대 남성 법조인 출신 국회의원을 삼을 수도 있을 것이다.

이들은 현재 한국사회의 기득권층으로 경제 권력뿐 아니라, 정치 권력, 지적·문화적 권력까지 모두 가지고 있을 개연성이 크다. 그럼에도 불구하고 이들은 동 세대의 다른 계층(② 그룹)과 자신들의 정서가 결정적으로 다르다고는 생각하지 않을 것이다. (앞서 지적한 대로 자신들의 10~20대에는 자산이나 소득 격차 등이 정서를 공유하는 데 크게 방해가 되지 않았으니까.) 이 범주에는 과거 민주화에 헌신했던 집단들과 주로 독재정권 주위에서 산업화를 옹호했던 집단들이 섞여 있고, 그들은 진보와 보수 세력으로 갈라져 지금도 정치적 대립과 갈등의 공간을 장악하고 있다. 검찰개혁 이슈도 크게 보면 이 공간에서 벗어나지 않는다. 이들은 청년세대 이슈와 관련해서도 자신들이 잘 이해하고 있으며, 청년들을 배려하려고 애쓴다고 스스로 생각할 것이다. 고백하면 나도 이 언저리에 있을 것이다. 이들이야말로 불평등 문제를 평화적으로 해결할 수 있는 막강한 권력을 가진 집단이지만, 현실에서는 오히려 — 한편으로는 민주화 세력과 산업화 세력 사이의 대립이라는 과거 프레임에 집착하고, 다른 한편으로는 "나때는 말이야"로 청년들을 윽박지르며 새롭게 발생한 청년세대 이슈를 무시하면서 — 한국의 정치 이슈를 좁히는 행태를 보인다. 그 결과 불평등 문제를 포함한 한국사회의 새로운 과제들은 억제되거나 지연되면서 이들과 다음 세대의 잠재적 갈등이 누적되고 있다.

다음으로 ② **80퍼센트 586**의 경우는 어떨까? 1960년대에 태어나고 1980년대에 고등학교를 졸업한 후 곧바로 취직해서 경제생활을 시작했으며, 그럼에도 불구하고 '586'이라고 도매금으로 매도당하고 있는 대부분의 부모 집단이 여기에 속할 것이다. 이들 중 다수는 1997년 외환위기 이전까지만 해도, 자신이 중산층에 속한다고 믿고 상대적으로 안정된 생활을 해왔지만, 외환위기 이후에 생활과 직장 기반이 크게 흔들리기 시작했고, 21세기에 들어서면서 명예퇴직이나 정리해고 위협에 노출되기 시작했을 것이다. 이들의 극적인 삶의 궤적을 보여주는 하나의 사례로 2018년 한국GM 군산공장에서 정리해고된 노동자의 이야기를 들어보자. 평생 안정적으로 다니던 정규직 일자리를 잃은 중년 남성 가장이 청소노동자가 되어 아파트 청소일을 하게 된 사정을 한 르포 기사는 이렇게 전하고 있다.

"더는 내가 필요 없어진 장소에서 그래도 내가 필요한 곳으로 일터를 옮기는 것, 사람들은 이런 것을 구조조정이라고 했다. 겪고 보니 구조조정은 그저 자부심 가지고 일하던 일터에서 당장 불안을 해소하기 위한 일터로 이동하는 것만을 의미했다. 둘러본들 또 다른 구조랄지 거기 걸맞은 새로운 일자리 같은 것은 없었다. 그런 일자리가 기술 없는 중년 실직자를 받아줄 리도 없다. 세련되지 않지만 그래도 세상에 꼭 필요한 일들 — 그의 청소일이나 동료가 바랐던 요양보호사 같은 — 은 사회적 시선과 처우가 여전히 낮다. '눈 낮추라'는 압박과 '꼴좋게 그런 일 하고 있다'는 조롱 사이에서 한 쪽을 택하고 버티는 것이 '그날' 이후 한국GM 실직자의 운명인 걸까."•

• 방준호, 「'공장이 떠난 도시' 군산 이야기」, 『한겨레21』, 2019.7.3.

이들 중 절반 정도에게는 자기 집이 있지만 부채가 포함되어 있을 확률이 높고, 소득은 상당히 불안정해지고 있을 것이며, 자녀교육이나 노후 준비를 하는 데 힘에 부칠 것이다. 이들에게 매년 수천만 원씩 들어가는 학원비나 입시컨설팅 비용은 상상 너머일 개연성이 크며 고등학생인 자녀를 학술논문 공저자로 만드는 일은 생각조차 못 해봤을 것이다. 노후가 보장되어 있다고 생각하지 못할 뿐더러, 자녀들이 성인이 되어 사회에 안착할 수 있다고 확신하기 어려울 것이다. 이들 중 적지 않은 수의 자녀들은 부모보다 삶이 더 나아지리라고 전망할 수 없을 것이다. 그리고 이들은 자신들이 살던 세상과 너무 달라진 자녀들의 세상을 이해하기 어려워하고 있을 것이다.

2019년에 조국 수호 집회가 벌어지고 검찰개혁 이슈가 터졌을 때 이들 중 스스로 진보적인 성향이라고 생각하는 부모들은 ① **상위 20퍼센트 586**의 검찰개혁 요구에 정서적으로 공감했을 것이다. 자신들은 그들처럼 자녀들에게 해줄 수 없다는 대목에서 좌절하면서도 당장은 검찰개혁이나 고위공직자범죄수사처 설치 등이 사회적으로 더 급한 문제라는 엘리트들의 호소에 수긍했을 것이다. 이는 과거 민주화 시절의 경험을 공유하고 있기 때문일 것이다.

청년의 경우, 무엇이 이들을 연결할 것인가

이제 세대를 건너뛰어서 2030(청년)세대를 살펴보자. ③ **상위**

20퍼센트 2030은 엘리트 학교와 엘리트 직업으로 인생이 결정된 금수저 청년일 가능성이 높고, 아마도 한국사회가 10년 넘게 청년문제를 이야기해온 동안에도 여기에 그다지 공감하지 못하는 그룹이었을 것이다. 많은 경우 이들의 삶은 '헬리콥터 부모'의 철저한 계획에 따라, 어린 시절부터 사교육과 공교육을 오가면서 경쟁력을 키우고, 외고, 과학고, 자사고 등을 거쳐 서울의 SKY 등 상위권 대학에 들어가거나 아예 유학을 떠나는 식으로 펼쳐졌을 것이다. 부모로부터 어마어마한 교육투자를 받는 것 외에도 지적·문화적 자산을 물려받고, 이런 자산을 외국 연수 등을 통해 보강하기도 했을 것이다. 대학을 다니는 동안 특별히 등록금을 걱정하거나 아르바이트를 뛰어야 할 필요는 없었을 것이고, 그 덕분에 안정적인 직업을 얻는 데 큰 어려움이 없었을 것이다.

다른 계층의 동년배(④ 80퍼센트 2030)들과 어울릴 기회는 과거 586세대보다 많지 않았을 것이다. 따라서 이들은 미국식 자선이나 기부, 봉사활동 등 '노블레스 오블리주'에는 과거 세대들보다 익숙할지 몰라도 정작 한국사회의 불평등의 심각성에 대한 감수성 자체가 (예상보다) 매우 부족할 것이다. 한편 이들은 국수주의적 사고방식을 넘어 '글로벌' 시야를 갖는 데 익숙해져 있을 것이다. 이런 이유로 이들의 가치관은 개방적일 것이며, 그것은 사안에 따라 때때로 진보적 성향으로 보이기도 한다. 데이비드 굿하트David Goodhart의 지적처럼 '애니웨어anywhere'• 를 추구하는 신新 엘리트적 성향을 띠는 것이다.

• 여기서 애니웨어란 21세기 글로벌 문화에 적응한 삶을 사는 사람들로서, 일반적으

(Goodhart, 2017)

그렇다고는 해도 한국사회에서 이들의 이니셔티브는 아직 전면적으로 드러난 적이 없으며, 이들은 여전히 586 엘리트 부모들의 통제 아래 있다고 봐야 한다. 왜냐하면 최근 30대 총리가 등장한 핀란드처럼, 새로운 세대가 사회의 전면에 부상하기 시작하는 서구와 달리, 현재 한국사회는 정치, 경제, 문화 등 모든 사회 영역에서 아직 586세대가 거의 전권을 쥐고 있기 때문이다. 20대 국회의원 가운데 20~30대가 단 1퍼센트였다는 점이 이를 상징적으로 보여준다. 그리고 바로 이 때문에 청년세대 내부의 계급 격차는 사실상 부모의 계급 격차를 상당히 투영한 것일 뿐 청년세대 스스로 만들고 특성화한 것이라고 보기 어렵다.

마지막으로 ④ **80퍼센트 2030**은 어떤가? 이들은 그동안 'N포세대' 등 수없이 많은 별칭들로 불리며 청년정책의 대상으로 고려되어온 집단이다. 이들 중 절반 이상은 아르바이트를 해야 했고 학자금 대출을 받았을지언정 대졸 이상의 학력을 지녔으며 해외여행을 하는 것도 (③과는 수준이 다를지언정) 낯설지 않게 느낀다. 개인주의적인 인터넷·모바일 문화 속에서 태어나 일부 애니웨어적 성향을 보이기도 하지만, 개인적 자율성이나 글로벌 지향성을 전면적으로 구현할 사회·경제적 환경이 보장

로 스스로에게 관대하며 사회문제에 관심이 많은 진보적 인물이다. 이들 세계관의 핵심 요소인 개방성, 능력주의, 자율성, 변화에 대한 찬양은 부유한 사람이나 능력이 뛰어난 사람, 발 빠른 사람에게 유리한 가치나 태도로 적어도 단기적으로는 소득이 적거나 능력이 부족한 하위 계층에게는 불리하다.

되지 못한 데에서 좌절한 경험이 누적될 수 있다. 심지어는 니트NEET, Not in Education, Employment, or Training(고용된 상태도 아니고 교육이나 훈련을 받는 상태도 아닌 상황인 청년을 일컫는 말) 상태, 또는 '은둔형 외톨이'가 될 수도 있다. 물론 젠더와 환경 이슈에 대해서는 기성세대와 비교할 수 없을 정도로 민감하다.

기성세대와의 가장 큰 차이는 삶의 전망이 매우 불확실하다는 점이다. 안정적인 소득을 보장할 직장이나 직업은 매우 한정되어 있는데 이는 이미 형편이 좋은 다른 이들이 예약해 놓았고 자신들에게는 해당 사항이 없는 것처럼 보인다. 그러나 나머지 삶의 길은 선택하기 민망할 정도로 불안정하거나 소득이 낮거나 장래성이 없어서 선불리 결정하기 어렵다. 더 이상은 자동차나 내 집 마련을 꿈꾸지 않는다. 당연히 이런 환경에서 결혼이나 출산을 계획하는 것은 부질없다. 어려운 상황에 놓인 자신들을 기성세대나 정치권이 주기적으로 호명하는 데에도 지쳐서 '청년 팔이' 그만하라고 외면한다.

하나 더 지적해 둘 것은, 그림을 보면 유독 ④ **80퍼센트 2030**만 다른 어떤 그룹들과도 연결고리가 없이 단절되어 있다는 점이다. ② **80퍼센트 586**은 동 세대의 ① **상위 20퍼센트 586**과 여전히 정서적 유대감을 갖고 있다. ③ **상위 20퍼센트 2030**은 부모의 강한 그늘 아래에서 성장한다. **그러나 ④ 그룹은 부모들과의 상호의존관계도 약하고, 동 세대 내 상위 계층과도 단절되어 있다. 누가 이들과의 연결을 시도할 것인가?**

20대 남성의 착시와 분노

이런 대분열의 지형 속에서 유독 주목받고 있는 그룹이 있다. 바로 20대 남성이다. 이들이 정치적으로나 사회적으로 동 세대의 여성들과 분리되면서 새로운 경향을 보인다는 분석이 나오고 있다. 이는 그 자체가 대분열의 상징적 현상인 동시에, 분열이 심화되었을 때의 파국적 가능성을 읽을 수 있는 징조이기에 별도로 다뤄보려 한다.

20대 남성이 이슈가 된 것은 지난 2018년 가을 이후다. 문재인 정부와 여당인 더불어민주당에 대한 이들의 태도가 동 세대 여성들과는 달리 부정적이라는 여론조사 결과에 관심이 폭증한 것이다. 이듬해인 2019년에 주간지 『시사인』과 한국리서치는 대대적인 여론조사를 통해 20대 남성의 특성을 알아내려고 했다. 이 조사의 잠정적인 결론은 "젠더와 권력이 만

연령·성별 젠더에 대한 인식

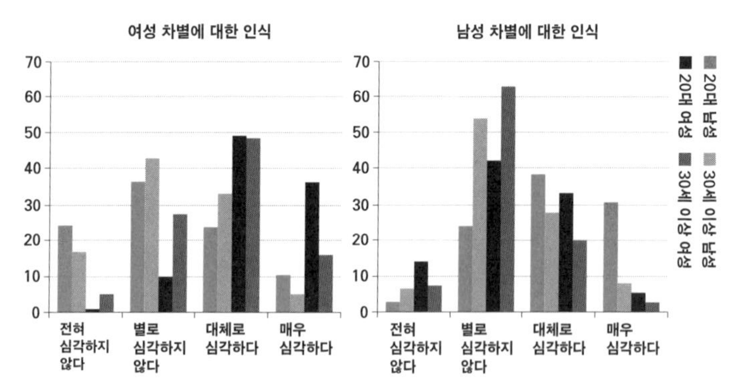

출처: 천관율, 정한울, 2019

나는 곳에서 20대 남성들이 두드러진 차이를 보인다"는 것이다. 예를 들어 그들은 아래 그림에서처럼 여성들이 차별 당하고 있다는 것에 대해서 유독 동의하지 않았으며, 반대로 남성이 차별 당하고 있다는 대목에서 공감한다. (천관율, 정한울, 2019)

이런 태도에 대해서 조사자들은 "납작한 공정성"이라고 표현했다. 맥락이 없는 공정성이라는 뜻이었다. 그런데 이 지점에서 나는 질문을 하나 하고 싶다. 전통적인 관점에서 보면 남성이 성 안 사람들로서 특권적 위치를 누려왔다고 간주하는 데 큰 이견이 없을 것이다. 특히 586 기성세대라면 남녀를 불문하고 이에 동의할 것이다. 문제는 2030세대, 특히 대입과 취업을 앞둔 20대 남성들에게도 이런 인식이 동일하게 적용될 수 있을까, 하는 점이다. 특히 ③ **상위 20퍼센트 2030**이 아닌 ④ **80퍼센트 2030**에 속한 20대 남성들은 이런 인식에 어떻게 반응할 것인가? 사회경제적 차원에서 보면 이미 성 밖에 있는 상황에서, 이들이 젠더적 측면을 의식해 스스로를 성 안 사람들 중 하나로 규정할 가능성은 매우 낮아보인다. 오히려 사회경제적 원인 탓에 성 밖에 있다는 사실을, 자기방어적으로 뒤틀어서 젠더 탓으로 돌리게 된 것 아닐까? 즉, 20대 남성이 젠더 차별 문제에 들이대는 뒤틀린 공정 개념에는 맥락이 없는 것 아니라, 스스로 여러 차원에서 성 밖에 있다고 인식하는 맥락이 반영되어 있는 것 같다. 세상에 맥락이 없는 집단적 인식은 없다.

우리가 20대 남성 현상을 잘 이해해야 하는 것은, 그 안에서 대분열

로 인해 소외되거나 고립되는 사람들의 착시와 분노의 존재를 확인 할 수 있기 때문이다. 그리고 이 자기방어적 인식들은 포퓰리즘 정치의 씨앗이기에 더 경계해보아야 한다.

이런 유사한 사례가 미국의 ② 그룹에게서 나타나고 있다. 쇠퇴하는 미국 러스트벨트의 40대 백인 남성들은 경기침체와 불평등 심화로 일자리를 잃거나 사회안전망에서 밀려나면서 극심한 사회경제적 고통을 당하고 있다. 그런데 이들의 분노가 향하는 곳은 사회의 정치경제적 자원을 독점하면서 불평등을 심화시키는 기득권 엘리트가 아니라, 오히려 멕시코 난민이나 여성, 또는 미국으로 들어오는 값싼 수입품을 제조하는 중국이다. 그리고 이 분노를 조장하여 권력을 잡은 것이 트럼프 대통령이다. (Hochschild, 2016)

물론 꼭 이런 이유에서가 아니더라도, 남녀를 떠나서 ④ **80퍼센트 2030**에 대해서는 지금보다 훨씬 더 많은 관심을 기울일 필요가 있다. 언젠가는 이들의 지향과 의지에 의해 한국 사회가 움직여갈 테니까 말이다.

여기서 잠시 이들 대분열된 각 그룹들과, 앞에서 살펴보았던 사회정의의 각 층위가 어떻게 연결되는지 검토해보는 것이 좋을 듯하다. 사회정의의 네 개 층위들과, 분열된 네 개의 사회적 그룹 사이에 (엄밀하고 정확한 것은 아니더라도) **상당한 대응 관계가** 있다고 가정할 수 있다. 앞서 확인한 것처럼, 검찰개혁 등 절차적 민주주의 공간에서 가장 집요한 이해관계를 갖고 충돌하는 것은 대체로 ① **상위 20퍼센트 586** 내 민주화 세력과 산업화 세력이다. 반면 대학입시 특혜라든지 공무원이나 공기업 특채 시비를 두고 민감한 반응을 보이는 것은 주로 ③ **상위 20퍼센트 2030**이다. 반면 자산이나 소득 불평등에 긴밀한 이해관계가 있는 집단은 ② **80퍼센트 586**이지만 불평등을 정면으로 응시하기보다는 아직 개별적으로 생존하려고 애쓴다. 이 글의 주제이기도 한 세습 문제에 가장 큰 이해관계가 있는 집단은 흔히 흙수저라고 불리는 ④ **80퍼센트 2030**이다. 이들은 여러 가지 방식으로 불만과 분노를 표현하고는 있지만 아직 세습사회에 대한 저항 세력으로 모이지는 않고 있다.

한국사회 공정-정의 담론의 네 층위와 대분열 구도의 네 그룹 간 대응 관계

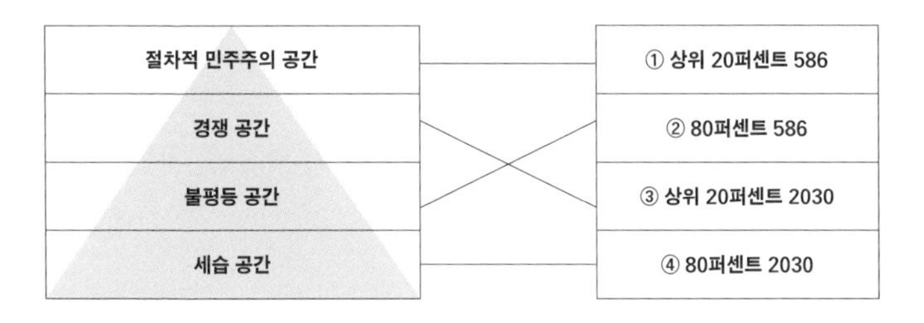

시스템은 더 이상 작동하지 않는다

앞에서 보았듯 한국사회는 세대적 균열과 계급적 균열이 복합적으로 작용해 크게 네 조각으로 해체된 상태다. 이 구도에서는 상위 20퍼센트의 기성세대가 대부분의 자원을 독점하게 되고 이들은 자녀들이 기득권을 이어나갈 수 있도록 배타적인 엘리트 세습 코스를 만드는 것에 자신들이 보유한 자원을 집중적으로 사용한다. 보수든 진보든 마찬가지다. 이렇게 '길러지고 세습된' 청년들은 자신들의 지위가 능력에 따라 경쟁에서 이긴 결과라고 착각하고, 자신들과 80퍼센트 청년들이 동격이 되는 것을 거부한다.

이처럼 상위 20퍼센트의 부모-자녀가 세습을 통해 공고히 연결되는 동안, 80퍼센트의 부모-자녀는 극심한 단절을 겪으며 각자의 자리에서 고립되어 가고 있다. 앞에서도 언급했듯 80퍼센트의 기성세대는 외환위기 이후 지금까지 삶의 안정성을 위협받고 있으며, 과거의 기억 때문에 동 세대 상위 20퍼센트와 산업화 및 민주화의 정서를 공유하면서도 자신의 자녀들에 대해서는 갈수록 무력감을 느낀다. 그리고 다수의 80퍼센트 청년들은 기성세대의 말뿐인 청년정책에 지쳐가면서 미래를 희망적으로 내다볼 수 없는 현실에 매일 직면하고 있다. 이렇게 네 범주의 사람들이 서로에 대해 느끼는 이질감과 적대감이 커지면서 사회는 점점 분열로 치닫고 있다. 서구에서는 이런 분열이 내부 갈등을 부추기는 포퓰리즘 양상으로 번지고 있다. 한국사회에서는 2019년 '서초동 집회'와 '광화문 집회'의 충돌이나 페미니즘에 대한 20대 남성들의 반발 등의 현상으로 조금씩 드러나고 있는 중이다. 이런 사회는 얼마나 안정적으로 지속될 수 있을까? 어떻게 해야 이 사회를 통합의 방향으로 전환시킬 수 있을까? 분열된 이들을 다시 모을 구심력은 어디서 나올까? 지금부터 좀 더 들여다봐야 할 과제다. 본격적인 분석에 들어가기에 앞서 지금이 문제를 해결할 바로 그 시점이라는 다음의 주장을 유념해두자.

"세습적 지배세력에게는 정당하고 선하며 불가피해 보일지 몰라도 시스템은 더 이상 작동하지 않는다. 시스템은 권위를 잃었다. 시스템은 정당성을 잃었다. 이제는 얼마나 다른 사회가 나타날지 상상할 시간이다. 그리고 그곳으로 갈 용기를 모을 시간이다."

Deresiewicz, 2014

Chapter2

분석 분열과 세습의 구조

5

—

성 안의 눈 먼 전쟁

상위 20퍼센트의 환각, 프랙탈 격차

1부에서는 현재 한국사회의 공정 이슈가 보편적인 사회정의에 맞닿아 있기보다는 경쟁 공간에서 강자의 도구로 사용되는 측면이 있음을 확인하면서, 경쟁 공간의 심층에 위치하는 불평등 공간으로 내려가 보았다. 그리고 불평등 구조가 오래 지속되면서, 불평등이 단순히 당대의 자원 분배 차원에서 벌어지는 현상에 그치지 않고, 세대를 넘어 심화되고 있다고 요약했다. 이런 경향을 막는 데 공정 경쟁이라는 원칙과 이를 지키기 위한 장치들은 아무런 힘도 발휘할 수 없음도 확인했다. 그리고 그 결과로 나타난 현재 한국사회의 대분열 구도를 그려보았다.

2부에서는 이 대분열 구도, 즉 세대·계급 교차 분열 구조가 어떻게 구체적으로 작동하고 재생산되는지 살펴보려 한다. 우선은 이 구도의 이니셔티브를 쥐고 있는 상위 20퍼센트 그룹 내부에서의 경쟁 구도를 조금 더 들여다볼 것이다. 다음으로, 교육제도는 일반적으로 '각자가 자신의 능력과 노력에 따라 성과를 인정받는다'는 능력주의 원칙이 뒷받침되어야 기회의 공정성을 보장할 수 있다는 점을 확인할 것이다. 그런데 최근의 교육제도는 오히려 능력주의가 전혀 통하지 않게 만드는 기제로 변질되었음을 분석해볼 것이다. 그리고 이것이 실은 능력에 따라 자유롭고 다양하게 선택할 수 있는 공정사회를 보장해줄 것이라고 우리가 굳게 믿었던 능력주의 자체에 자기파괴적 속성이 내재되어 있기 때문임을 확인할 것이다. 마지막으로 지금 한국사회의 자원을 독식하고 있는 586세대는 사실 유일하게 능력주의의 혜택을 받았으면서도, 동시에 그 능력주의를 파괴했고 세습사회를 불러온 장본인임을 주장할 것이다. 그러고도 여전히 자신들은 능력주의 사회에서 살고 있다는 착각에 사로잡혀 엉뚱한 대책을 내놓고 있음을 비판할 것이다.

2008년 글로벌 금융위기 이후 월가 점령 운동의 영향으로 인해 2010년대 이후에는 1 대 99의 대립 구도가 계급 전쟁의 새로운 프레임으로 부상했고, 프랑스 경제학자 토마 피케티가 제시한 최상위 1퍼센트 장기 소득분포의 선명한 결과는 여기에 신빙성을 더해주었다. (피케티 등이 구축한 세계 불평등 데이터베이스 WID,World Inequality Database에는 최상위 1퍼센트의 소득·자산분포뿐 아니라 상위 10퍼센트의 데이터도 있었지만 주목을 받은 것은 최상위 1퍼센트가 점하는 소득과 자산 비중이었다.) 한국에서는 이 프레임을 재벌 집단에 저항하는 경제민주화 운동의 프레임으로 차용하기도 했다. 개인적으로 나도 오랫동안 그렇게 인식했다. 최상위 계층으로부터 어떻게 부의 재분배를 해낼 것인지를 놓고 정책을 설계하고, 최하위 계층의 바닥을 올리는 정책을 결합하는 방식을 고민하기도 했다. 이른바 "위를 깎고 바닥을 올리고 가운데를 튼튼히 하는 전략"이었다. (Collins, 2012)

사실 1 대 99 구도에는 허점이 상당히 많았다. 최상위 1퍼센트는 일반 시민들이 아예 접근할 수조차 없는, 사회적 거리가 너무 먼 집단이다. 하지만 이 프레임과는 달리 그리 멀지 않은 사회적 거리에서도 특권과 신분적 격차의 존재는 분명히 감지되었다. 이를 설명하는 상위 20퍼센트의 기득권 카르텔에 대한 분석도 최근 쏟아져 나왔다. 리처드 리브스Richard Reeves는 『20 vs 80의 사회Dream Hoarders』에서 상위 20퍼센트 기득권 카르텔이 있다고 주장하면서 이들의 속성에 대해 자세히 설명했다. (Reeves, 2017) 조국 임명 논란 과정에서 많은 시민들이 경험한 격차도, 1퍼센트에 대한 사회적 거리라기보다는 상위 20퍼센트 중상류층에 대한 사회적 거리가 아니었을까? (물론 순자산이나 소득이라는 수치만 놓고 보면 조국 전 장관은 최상위 1퍼센트에 더 가깝다고 봐야 할 테지만.) 그렇다면, 상위 20퍼센트에 속하는 많은 전문가와 식자들은 왜 자신들의 지위 역시 특권적임을 인식하지 못했는지 짚어볼 필요가 있다. 이들이 성 밖으로 눈을 돌려, 자신들의 지위를 객관화하지 못하게 시야를 좁힌 데에는 크리스토퍼 헤이즈Christopher Hayes의 개념인 **프랙탈 격차**가 작용했을 공산이 크다

리브스 이전에 헤이즈는 『똑똑함의 숭배Twilight of the Elites』에서 20 대 80의 사회적 단층선을 전제하고, 상위 20퍼센트 성 안에서 끊임없이 격차가 분할된다고 지적하며, 이를 프랙탈(단순한 무늬가 끊임없이 반복되며 만들어내는 구조) 격차라고 불렀다. 상위 20퍼센트 안에서 격차가 세분되어, 사람들이 눈앞의 격차를 넘어 위로 올라가는 치열한 경쟁을 멈출 수 없도록 만든다. 왜냐하면 "한 단계씩 성공하는 사람들은 시샘할 만한 더 높은 단계의 지위가 눈에 들어올 것"이기 때문이다. (Hayes, 2013)

그는 이런 현상의 전형적인 사례를 매년 1월에 스위스 다보스에서 열리는 부자들의 포럼인 다보스포럼에서 목격한다. 포럼에 초청된 다수의 사람들은 처음에는 자신들을 "세계

적인 지도자들의 성소에 절대 초대받지 못할 불쌍한 사람들과 격이 다른 특별한 인물"로 생각하지만, 곧 "다른 계층의 참석자들과 비교하자마자 (스스로를) 버스에 짐짝처럼 실려가는 하층민처럼" 느낀다. 자신들은 공항에서 포럼장까지 셔틀버스를 타고 가는데, 같은 비행기의 일등석에 앉아 왔고, 공항에 도착하자마자 경호부대가 재빨리 와서 벤츠로 모셔가는 사람은 따로 있다. 그뿐이 아니다. 어떤 이들은 아예 개인 제트기를 타고 와서 헬리콥터로 갈아탄 뒤에 알프스 풍경을 감상하면서 포럼장으로 향하고 있는 것이다!

"이런 분배 구조는 필연적으로 그곳에 오르려는 야심가들에게 현기증을 일으킨다. 기대 이상의 목표를 성취한 사람들은 상대적으로 높은 지위에서 오는 특혜를 누리지만, 그 기쁨은 닿을 수 없는 더 높은 특혜와 권력, 지위가 시야에 들어오면서 허무하게 사라진다." "프랙탈형 격차 사회에서는 가장 높은 계급이란 존재하지 않는다. 올라야 할 더 높은 지위, 이겨야 할 더 치열한 경쟁, 벌어야 할 더 많은 돈만 있을 뿐이다."

3루에서 태어난 아이들과 추락의 공포

이런 식으로 "상승 계단이 까마득하게 계속"된다. 그러다 보니 이미 상위 20퍼센트 성 안에 있다는 데 안주하지 않고 집요한 노력으로 경쟁을 뚫고 상위 10퍼센트, 5퍼센트, 1퍼센트로 올라가고 있는 사람들은 "그것을 순전히 자기 힘으로 이뤄냈다고 믿는"다. "3루에서 태어났는데도 불구하고 자기가 3루타를 친 줄 아는" 이들은 그래서 생긴다. 더욱이 이들의 부모들은 성 안에 있음에도 불구하고, 손 놓고 있으면 다시 자녀들이 성 밖으로 추방당할지 모른다는 공포를 느낀다. 왜냐하면 지금처럼 불평등한 사회에서 성 밖으로 밀려나면 안정적인 삶을 보장받지 못하는 나락, 바로 성 밖 80퍼센트의 삶으로 떨어지게 될 것임을 부모들은 잘 알기 때문이다. 그래서 성 안 사람들은 필사적으로 아래로 추락하지 않기 위해 발버둥 친다. 리브스가 이야기한 상위 20퍼센트의 **유리바닥 깔기**다. 그들의 유리바닥은 80퍼센트의 유리천장이 되고, 그 결과 이들 사이에는 넘을 수 없는 신분의 벽이 만들어지게 된다.

그래서 대체로 성 안 사람들은 '개별적으로는' 최소한 성 밖으로 떨어지지 않으려고 보유한 특권적 자원을 최대한 동원하면서, '사회적으로는' 자신의 위에 있는 상위 5퍼센트, 1퍼센트, 0.1퍼센트를 비난하는 전략을 쓴다. 현재의 불평등 문제가 그들 탓이라고 몰아붙이는 것이다. 그러는 동안 누구도 성을 무너뜨리거나 장벽을 부수려는 시도를 하지 않는다. 수많은 민주화 요구, 개혁 요구, 복지에 대한 요구, 혁신 요구들과 정책들은 겨우 최상위 1퍼센트의 문제점을 비판하거나, 아니면 최하위 20퍼센트 빈곤층의 처지를 다소 개선하는 데 바쳐질 뿐이다. **그러는 동안 상위 20퍼센트와 80퍼센트 사이에 가로놓인 장벽 해체와는 거의 무관한 논의들과 시도들, 입법들이 여당과 야당 사이에서 교환된다.**

2019년 조국 전 장관을 포함한 유력 인사들이 자녀들의 학교 생활 지원을 위해 동원한 그들의 경제적, 지적, 인맥적 자원의 조밀함과 특별함에 우리가 새삼스럽게 놀라는 것은, 그들의 발버둥이 한편으로는 상위 20퍼센트 성 안에서도 더 위로 올라가려는 치열한 경쟁이면서도, 다른 한편으로는 성 밖으로 밀려나지 않기 위한 것이었음을 전형적으로 보여주었기 때문이지 않을까 생각한다. 이게 뭐가 문제일까, 라는 의문이 들 수도 있다. 불법은 아니었고, 당사자들이 '합법적'인 규칙과 능력주의 원칙에 따라 노력하지 않았냐는 반론이 있을 수 있다. 하지만 다음과 같은 헤이즈의 주장은 공정과 능력주의에 대해 다시 생각해보게 한다.

"능력 있는 엘리트가 되려면 똑똑함은 필수 덕목이지만, 그것만으로는 충분하지 않다. 지혜와 판단력, 공감 능력, 윤리적인 엄격함도 똑같이 중요하다. 하지만 이런 특성들은 거의 대접받지 못한다."

Hayes, 2013

일단 여기까지가 상위 20퍼센트 성 안에서 일어나는 일들이다. **이런 상황에 놓인 사람들이 과연 사회 전체를 객관적으로 볼 수 있을까? 문제는 이들이 바로 국가 정책을 설계하거나 정치적 프레이밍을 하고, 여론을 주도하는 데 막강한 권한을 행사할 수 있는 엘리트층이라는 것이다.** 어떤 면에서는 공정이 상위 20퍼센트의 전용어가 되어 성 안 경쟁 게임에 무기로 활용되는 현실이 놀라운 일도 아니다.

6

특권 세습의 도구가 된 교육

더 이상 유효하지 않은 믿음

나를 포함한 586세대에게는 자신들의 경험을 근거로 한국사회에 능력주의가 어느 정도는 작동할 것이라는 뿌리 깊은 믿음이 있다고 앞서 말했다. 그것도 문제지만 사실 그것보다 훨씬 더 심각한 것은 "교육제도를 잘 개혁하면 기회의 평등이 얼마간이라도 실현되지 않을까" 하는 착각이다. 이를테면 이런 기대 말이다. 가난한 부모에게서 태어나고 좋은 시기에 태어나지 못했다 하더라도, 교육제도를 통해서 능력을 쌓을 기회를 동등하게 누리고, 이를 통해 사회에 진입하면 되지 않을까? 공평한 교육 기회가 불운을 어느 정도 상쇄할 수 있지 않을까?

해방 이후 오랫동안, 가난한 집안의 자녀들에게 기대해볼 만한 유일한 신분 상승 사다리로 그나마 교육이 어느 정도 작동해왔던 것이 사실이니, 교육에 대한 기성세대의 애착이 뿌리 깊은 것은 당연한지 모른다. 더욱이 한국은 자원이 없기 때문에 경제를 발전시키기 위해서는 교육을 통해 인적자원에 투자해야 한다는 이야기가 잊을만 하면 반복된 탓도 있을 것이다. 그런데 부지불식간에 현실은 사람들의 생각과 정반대로 변해온 것이 아닐까? **교육제도가 타고난 불운을 희석시킨 것이 아니라, 오히려 타고난 불운이 지워지지 않게 낙인을 찍어온 것은 아닐까?**

교육제도가 능력주의의 엔진일 수 있다는 오랜 믿음은 학교를 엘리베이터에 비유한 것에서 잘 드러난다. 학교는 "모두가 같은 층에서 타지만, 그곳에서 각자 얼마나 노력해서 학업 성취를 했느냐에 따라서 특정 수준의 직업과 소득에 상응하는 각기 다른 층에서 내리는 엘리베이터로 비유"할 수 있다는 것이다. 다시 말해서 "교육은 사회적 지위가 낮은 가정 출신이지만 능력 있고 근면 성실한 아이들에게는 성공할 수 있는 기회를 제공하는 한편, 사회적 지위가 높은 가정에서 태어난 아이들에게도 예외 없이 자신들이 누려온 특혜를 유지하려면 학교에서 최소한의 능력을 증명해 보일 것을 요구한다."(McNamee, 2013) 따라서 교육 성취를 기준으로 사회적 지위와 보상이 달라지는 것이 공정하다는 것이다.

교육은 공정한 기회의 사다리가 아니다

사실 더 이상 개천에서 용이 나지 않는 세상이 되었다는 것을 우리는 익히 인식하고는 있었다. 2019년 여론조사 기관 엠브레인 트렌드모니터의 한국 국민의 불평등 관련 조사 결과를 인용해보자.

"우리나라는 노력을 하면 성공을 할 수 있는 나라이고(29%), 개인의 능력에 따라 모두 부자가 될 수 있는 사회라고(21%) 생각하는 사람들은 드물었다. 또한 가난한 사람들도 열심히 일을 하면 상류층이 될 수 있는 사회라는 인식(13.6%)도 거의 찾아보기 어려웠다. 당연히 일만 열심히 하면 부자가 될 수 있을 것이라는 기대감(13.1%)이 없을 수밖에 없다. 결코 우리나라는

계층 상승의 꿈을 꿀 수 있는 사회(22.8%)가 아닌 것이다." •

사례를 하나 더 들어보자. 개천에서 용 난다는 말은 일반적으로 나의 성공 가능성에 부모가 크게 영향을 미치지 않는다는 것을 뜻한다. 부모의 재력이나 학력이 높지 않아도 자녀들이 자신의 노력 여하에 따라서 얼마든지 계층 사다리를 타고 올라가 성공할 수 있다는 말이다. 이런 인식은 50대나 60대에게서는 비교적 분명하게 나타난다. 자신들의 아버지는 할아버지의 사회경제적 지위에 크게 영향을 받았지만, 자신들은 영향을 훨씬 적게 받았다고 그들은 대답한다. 하지만 20~35세는 아니다. 그들의 아버지는 할아버지의 지위에 상관없이 성장했을지 모르지만, 자신들은 부모세대보다 더 부모의 경제적 지위에 영향을 받고 있으며, 자녀들의 경우는 더할 것이라고 생각하고 있다. (김희삼, 2015)

부모의 사회경제적 지위가 자녀에게 미치는 영향에 대한 세대별 인식 차이

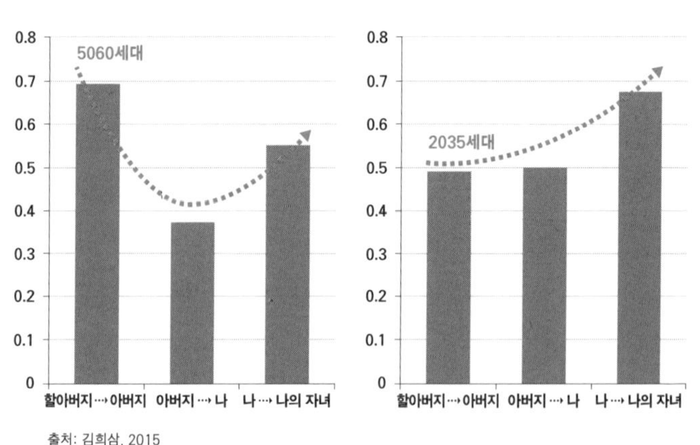

출처: 김희삼, 2015

그런데, 그럼에도 불구하고 기성세대 대부분은 교육제도를 통해 이를 완화할 수 있다고 믿고 있고, 과도한 사교육 억제라든지, 지나치게 서열화된 대학 구조 개혁이라든지, 학벌에 집착하는 문화의 변화 등의 조치를 취하기만 하면 교육제도는 여전히 불평등을 완화하는 본래의 기능을 해낼 것이라고 기대한 것이 사실이다. 중위소득 이하 가정의 학생에 대한 등록금 보조나 대출 이자 지원 등의 정부 정책이 기회의 평등을 보장하는 데 기여할 것이라고 예상하기도 했다.

하지만 교육제도 자체가 기대와는 정반대로 특권 세습이라는 역효과를 체계적으로 생산해왔다면? "대학은 결단코 능력주의의 엔진이 아니라, 한 세대에서 다음 세대로 '불평등한 출발점'을 재생산하는 사회 시스템의 기초적인 구성요소일 뿐"이라는 주장이 만약 사실이라면? 이야기는 완전히 달라진다. 이런 주장에 귀 기울여보자.

"학교와 교육은 사회에 존재하는 기존의 불평등을 반영하고 정당화할 뿐만 아니라, 오히려 더 심화시켜 부모세대에서 자녀세대로 불평등한 삶을 대물림하는 데 일조하는 잔인한 매개체의 역할을 한다." "교육은 가장 자격 있고 능력 있는 사람이 상향적인 사회적 이동성을 실현할 수 있는 매개체 역할을 하지 못한다. 대신 특정한 학력과 자격증이 없다는 것은 사회적 이동성을 차단하는 인위적인 장애물이 된다."

McNamee, 2013

● 엠브레인 트렌드모니터, 「부의 불평등 및 복지 정책, 기본소득제 관련 조사」, 2019.11.

더 나아가, 물리적 자산의 증여와 상속을 능가하는 세습 효과를 낳는 가장 강력한 신분 고착화 기제가 다름 아닌 '교육'이라면 어떻게 해야 하나? 즉, "부모세대가 쌓아놓은 사회적 인맥, 상류층으로 인정받기 위해 필요한 문화적 자원"과 더불어 "다음 세대로 특권을 넘겨주는 주된 형태로써 유형 자산을 대신"하게 된 교육의 변질을 직시해봐야 한다.

상위 20퍼센트를 재생산하는 학교

우리가 잊고 있었던 사실이 있다. 18~19세기 서구에서 학교와 교육제도가 성립된 것은, 한편으로는 산업혁명이 만들어낸 대량의 일자리에 적합한 단순노동, 사무직 노동, 경영관리 기술을 지닌 인력을 양성하려는 사회적 요구에 의한 것이기도 했지만, 다른 한편으로는 상층 엘리트 집단의 폐쇄적 정체성을 재생산하기 위한 목적도 강하게 작용했다. 한국사회에서는 이런 역사적 배경이 충분히 인지되지 못한 것 같다. 최근에 들어서야 일부 사립 중고등학교나 상위권 대학교들에서 특권을 재생산하는 기능이 작동하는 것을 인식하게 됐다.

사회학자 라이트 밀스는 이미 1956년에 『파워 엘리트』에서 교육에는 대중 교육만 있었던 것이 아니라는 점을 지적했다. 교육이 엘리트 기득권 집단이 횡적으로 단결하고 권력을 재생산하기 위한 중요한 기제일 수 있다는 점을 강조했던 것이다. 그는 "상류층의 전통을 전달하고 새로 부와 재능을 갖춘 사람들의 편입을 통제하는 데 있어서 가장 중요한 요소는 상류층의 가문이 아니라 학교"라면서 학교의 기능을 다음과 같이 정리하고 있다. (Mills, 1956)

"혈통에 근거한 신분의 주장을 현실로 실현하기가 점점 더 어려워짐에 따라, 사회적 중요성에 있어서 명문 학교가 가문의 혈통을 능가하게 되었다. 따라서 만일 오늘날 미국 상류층의 통합의 요소를 밝히는 열쇠를 찾기를 원한다면, 그 열쇠는 소녀들의 기숙학교와 소년들의 사립 고등학교가 될 것이다." "사회적으로 부유한 사람과 그저 부유하기만 한 사람을 구분하는 깊은 경험 하나가 바로 그 사람의 학교 교육이다. 이 교육과정을 통해 형성되는 모든 인연과 감각과 감수성이 그들의 삶 내내 영향을 미치게 된다."

이처럼 원래부터 학교가 가지고 있었던 양면성 중에서 '기회의 사다리가 되어줄 대중 교육'이라는 측면은 점점 약화된 반면에, '혈통을 대신하여 기득권 엘리트를 공고히 만들어주는 매개체' 측면이 점점 더 강화되어 온 것이다. 그 결과 이제 이른바 명문대 학생들의 부모 중 고소득–자산가의 비율이 점점 압도적으로 높아지고 있는 반면, 경제력이 없는 집안의 아이들은 명문대 진학으로부터 점점 멀어지게 된다. 이런 현상은 미국에서 가장 전형적으로 나타나며, 한국사회 역시 예외가 아니다. 자사고나 특목고에 가기 위해서는 부모의 재력이 받쳐줘야 한다거나 상당수 SKY대학 재학생들의 집안이 소득기준 상위 20퍼센트라는 이야기가 확고한 사실로 자리 잡았다. 시민들이 드라마 〈SKY 캐슬〉에 비상한 관심을 보였던 것이나, 조국 전 장관 자녀교육 관련 이슈에 유난히 민감하게 반응했던 것은, 한국사회에서 교육이 '신분 고착의 만리장성'으로 완전히 전환되었음을 상징적으로 보여주는 사례였기 때문일 것이다. 하지만 교육에 대한 한국사회의 끈질긴 기대와 미련이, 이미 교육제도의 성격이 본질적으로 변해버렸음을 받아들이지 못하도록 이성을 가로막았는지도 모른다.

부모의 사회경제적 지위가 자녀의 대학 진학에 미치는 영향

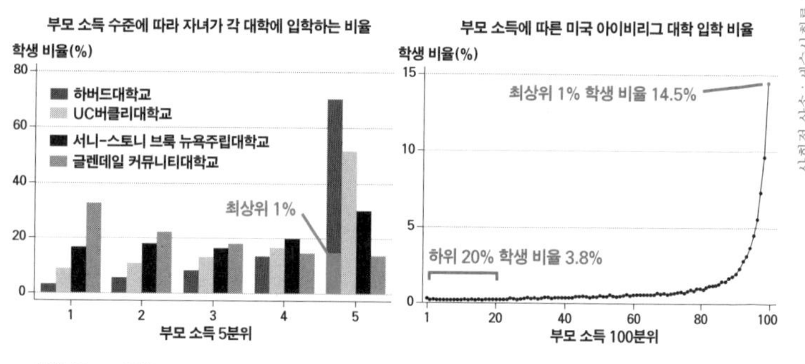

출처: Chetty, 2017

악성 학력 인플레이션의 비극

여전히 교육을 능력주의의 엔진으로 오인하여, 사회 전체가 과잉 교육 투자의 늪에서 헤어나지 못하고 있는 상황은 비극이다. 청년들의 교육 수준이 전반적으로 높아졌기 때문에 기업들은 필요한 자격 요건 이상의 학위를 관례적으로 요구하고

그에 미달하면 채용하지 않거나 채용하더라도 임금 삭감의 빌미로 삼는다. 그 때문에 실제로 취업한 후에는 활용하지도 않을 학력을 쌓느라 청년들이 비용과 노력을 더 들이게 되고 그에 따라 기업은 더 높은 요구를 하게 되는 **학력 인플레이션** 악순환이 일어나는 것이다.

이런 현상은 전 세계에서 한국사회가 가장 심하다. 최근 발표된 OECD의 「한눈에 보는 교육 2019Education at a Glance 2019」에 따르면, 25~34세 인구의 대졸자 비율은 한국이 압도적으로 최고였다. OECD 평균이 44퍼센트인데 한국은 무려 70퍼센트였고 지난 10년 동안 12퍼센트포인트나 증가했다. 2위인 일본의 61퍼센트와도 차이가 크고, 미국(49퍼센트), 스웨덴(48퍼센트)과는 비교도 안 된다. 수치만 놓고 보면, 학력 측면에서 한국의 청년 노동력의 질은 세계 최고 수준이며 한국사회는 더 이상 교육에 투자할 필요가 없을 정도로 초超과잉 학력

25~34세 연령대에서 대학 졸업 이상 학력을 지닌 인구 비중의 변화 추이(2008→2018)

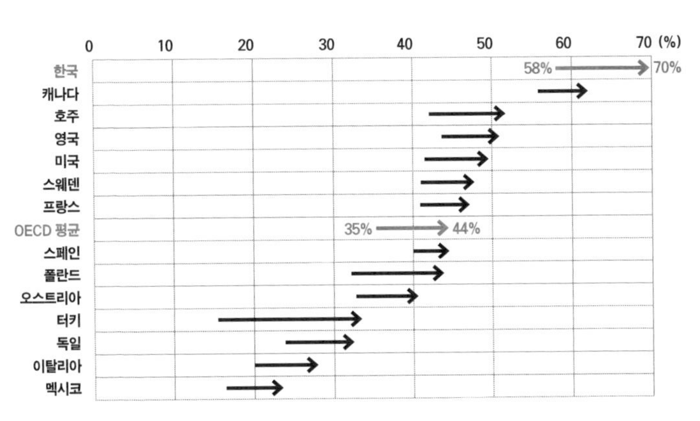

출처: OECD, 「한 눈에 보는 교육 2019」

인플레이션 상태다. 이는 곧 초과잉 투자 상태라는 말이다.

이런 최악의 과잉 학력 인플레이션을 어떻게 끝낼 수 있을까? '블라인드 채용' 확대 같은 소극적인 개혁으로는 어림도 없으리라는 점은 쉽게 알 수 있다. 전 하버드대학교 총장 제임스 브라이언트 코넌트는 **"민주주의는 각 세대가 끝날 무렵, 권력과 특권이 자동적으로 다시 분배되는 지속적인 과정을 요구"**한다는 말을 남겼다고 한다. 이는 교육개혁의 과제가 '교육제도' 개혁에 국한되지 않는다는 것을 의미한다. 교육제도 전후 맥락에서의 대개혁을 수반해야 하고, 교육제도의 사회적 기능 자체를 혁신하지 않으면 안 된다는 뜻이다. 대학 입시제도 개편 등의 재설계만로는 풀 수 있는 것이 많지 않다.

1997년 외환위기 이전까지 한국사회는 꽤 평등한 사회였다. 뒤에서 설명하겠지만, 그 배경에는 1950년대의 대대적인 농지개혁, 1970년대의 학교 평준화 조치, 1980년대의 사교육 금지 등 일련의 파격적인 제도적 개입이 있었다. 그런데 외환위기 이후에는 "권력과 특권이 자동적으로 다시 분배되는 지속적인 과정"이 하나도 없었다.

7

능력주의의 허망한 붕괴

세습주의가 능력주의를 추월한 사회

이제 교육을 넘어 능력주의로 초점을 옮겨보자.

최근까지 나에게 두 가지 암묵적 전제가 강하게 잔존해 있었다는 사실을 새삼 깨달았다. 하나는 "기회의 평등이 어느 정도 받쳐주면 그래도 능력주의가 공정한 시스템"이라는 것이고, 다른 하나는 "그래도 교육개혁이 기회의 평등으로 가는 가장 현실적인 길"이었다. 그런데 2019년 조국 임명 논란 과정에서 이 전제들이 근본적으로 잘못된 것은 아닐까, 하는 의심이 들었다. 만약 그것이 착각이라면 한국사회를 보는 많은 관점들의 토대가 모두 무너지지는 않을까?

왜 이런 의심이 들었을까? 한국사회에서의 삶은 결정적으로 두 가지 변수에 의해 결정된다는 점을 새삼 확인했기 때문이다. 첫째, 어느 부모에게서 태어났는가? 상위 20퍼센트 부모인가 아니면 80퍼센트 부모인가? 둘째는, 어느 시점에 태어났는가? 1960년대에 태어나 경제가 번영하던 1980년대에 사회에 진출했는가 아니면 1980~1990년대에 태어나 저성장과 고용불안이 일상화되던 때에 사회로 나왔는가? 어느 부모에게서 태어나고 어느 시점에 태어나는가는 본인이 결정할 수 있는 것이 아니다. 운이라는 소리다. 그런데 이처럼 외부에서 발생하는 요인인 운 때문에 그 사람의 (능력과는 관계없이) 인생과 미래가 결정된다고 하면, 그것은 이미 능력주의가 파산했다는 증거가 아닐까? 그래서 이제 이렇게 말해야 하는 것은 아닐까? 한국사회에서는 이미 "세습주의가 능력주의를 추월해버렸다"고.

결론부터 미리 말한다면, 그나마 통했던 능력주의 기제가 언제부턴가 지속적으로 약화되면서 세습주의가 이를 대신해왔고, 그 결과 한국사회는 **세습자본주의**patrimonial capitalism 사회가 되었다. 그리고 이런 상황을, 민주와 평등의 가치를 스스로 옹호해왔던 개혁·진보세력 대부분은 인지하지도 막지도 못했던 것이 아닐까? 뒤늦게 온정주의적 청년 지원 정책들을 내놓거나 교육개혁안을 짠다고 소란스럽지만, 이미 사회를 지배하고 있는 상속과 세습의 위세를 막기에 그런 수준의 대처는 역부족인 것이 아닐까? 고백하자면, 나도 능력주의 가치관을 꽤 믿었던 것 같고, 어쩌면 그 때문에 최근까지도 기득권 카르텔이나 불평등 대물림의 전체 모습을 충분히 통찰하지 못한 것 같다.

완벽한 능력주의는 없다

능력주의는 차별과 불평등이 만연하는 한국사회에서 공정성을 지탱하는 최후의 보루처럼 여겨져왔다. 모두에게 오직 자신의 능력과 노력에 따라 합당한 성과를 받을 수 있도록 하자는 것이 능력주의다. '노력한 만큼 되돌려 받는다'는 것은 치열한 경쟁사회에서 다수에게 지지받은 희소한 원칙 중 하나였을 것이다. 그런데 만약 능력주의가 허망한 것으로 드러나면, 그 원칙을 토대로 한 수많은 공정 주장도 모두 허구가 된다.

이론적으로 완전한 능력주의라면, 이런 것이어야 한다. "오직 능력만이 중시되면 부모는 자녀에게 그 어떤 특혜도 물려줄 수 없다. 가령 부모는 자신의 개인 재산을 동원해 자녀를 유명 사립학교에 보내거나, 개인 과외교사를 고용하거나, 능력이나 자질이 부족해 힘겨워하는 자녀에게 도움을 줄 수 없다. 이런 사회라면 부모는 자녀에게 유산을 남길 수도 없으며, 다른 아동들에게도 똑같이 제공될 수 없다면 그 어떤 자원도 자녀에게 줄 수 없다." (McNamee, 2013) 하지만 '국영 고아원'을 만들지 않는 한 이런 사회는 물론 불가능하므로, 이상적인 능력주의 자체가 원래 허구라는 점을 먼저 확인해두자.

이상적 능력주의가 불가능하다는 것보다, 개인적으로 볼 때 더 중요한 사실이 있다. **처음에는 그럭저럭 능력주의가 작동하던 사회라도** (내버려 두면) **어느새 능력이 통하지 않는 사회로 변질된다는 것이다.** 능력주의라는 말을 처음 만들었던 영국 사회학자 마이클 영Michael Young조차 이 점을 지적했다. 그는 변질된 사회상을 '암울한 디스토피아'라고 일컬었다. "처음에는 능력주의를 매우 공정한 시스템으로 여기지만, 오로지 능력만을 기준으로 삼는 위계질서가 잡히면서 엘리트들은 자신보다 밑에 있는 사람들을 능력이 부족하다는 이유로 억압하고 탄압하고 노골적으로 경멸하는 등 점차 승자독식과 양육강식의 논리로 지배되는 무자비한 사회로 변질"된다는 것이 그의 전망이었기 때문이다.

다시 말해서, 처음에는 순전히 구성원 자신의 잠재 역량과 노력 여부에 따라 미래가 결정되던 사회에서도, 시간이 지나면서 점점 더 개인의 능력이 아닌 부모의 능력, 다른 외적

조건이 더 결정적 변수로 작용한다는 것이다. 마치 시장경제가 처음에는 완전한 자유경쟁 원칙에 의해 시작되더라도, 시간이 지나면서 경쟁에 패한 기업은 몰락하고 이긴 기업은 덩치를 키운 결과 독점이 생기고, 이들 독점기업이 가격을 통제하고 진입장벽을 세워 시장을 장악하는 바람에 더 이상 신생기업들이 자랄 수 없게 되는 것처럼.

사회학자들은 이를 **마태복음 효과**("가진 자는 더 많은 것을 얻고 한층 더 커다란 풍요를 누리게 될 것이다. 하지만 갖지 못한 자는 이미 갖고 있는 것까지 빼앗길 것"이라는 마태복음 구절에 비유)라고 한다. 자유경쟁 원칙이 나중에 독점과 경쟁 배제로 귀결되는 것처럼, 능력주의도 내버려 두면 조만간 세습주의로 귀결된다는 것이다. **만약 능력주의를 어느 정도라도 작동하게 만들고자 한다면, 국가가 지속적으로 이탈을 막기 위한 제도적 교정과 개입을 해야 하는 게 아닐까?** 시장실패를 방지하기 위해 국가가 개입하는 것처럼 말이다. 한국사회에서 1980년대까지 능력주의가 어느 정도 작동한 것도 1953년 토지개혁과 1970년대 고교 평준화, 1980년대 사교육 금지 같은 다소 파격적인 조치들이 없었다면 불가능했을 것이다.

그리고 2020년대에 접어든 한국사회에서는 세습주의가 능력주의에 대해 완전한 승리를 거둔 것 같다. 능력주의 수혜를 거의 유일하게 받았던 586세대는 이를 제대로 깨닫지 못하거나 인정하지 못하고 있지만 말이다.

출발점을 물려받는 세대 간 릴레이 경주

능력주의를 매장한 자리에 들어선 세습주의 한국사회에서, 상위 20퍼센트 부모를 둔 자녀들의 인생은 어떻게 펼쳐질까? 미국의 상위 20퍼센트 자녀의 인생을 설명한 전형적인 시나리오를 하나 인용해보자. 지금 한국사회에서도 그렇지 않은가?

"유년기에 수준 높은 생활을 누리고, 별다른 노력 없이 문화적 자본에 접근하고, 권력과 영향력을 가진 사람들로 구성된 네트워크에 쉽게 접근할 수 있고, 부모가 살아 있는 동안 부모의 재산을 활용할 수 있고, 부모로부터 건강한 신체를 물려받고, 기대수명이 길고, 삶의 고비 때마다 부모가 구출해주고, 부모가 사망할 시 방대한 규모의 재산을 상속받는다. 이는 개인의 능력과는 아무런 관련이 없는 그야말로 노력 없이 갖게 되는 특권이다."

McNamee, 2013

"세대가 바뀔 때마다 판을 짜서 새로운 출발점에서 새롭게 시작하는 것이 아니"기 때문에 자녀들의 인생은 "부모로부터 출발점을 물려받는 릴레이 경주에 가깝다"고 맥나미는 지적한다. "세대 간 릴레이 경주에서 부유한 부모를 둔 사람들은 처음부터 결승점에서 혹은 결승점 근처에서 출발하는 반면, 가난한 부모를 둔 사람들은 다른 사람들보다 한참 뒤에서 출발한다. 애초에 결승점 가까이에서 태어난 사람들은 경주에서 한 칸 더 앞으로 가기 위해서 특별한 능력이 필요한 것도 아니"다.

세대 간 릴레이 경주

출발점 **결승점**

부

빈곤

실선: 부모의 상속이 미치는 영향력
점선: 개인의 능력이 미치는 잠재적인 영향력

출처: McNamee, 2013

그는 세상의 "모든 부모들은 자녀들에게 최고의 것을 주고 싶어"하지만 부모들 간 가장 큰 차이는 "자녀세대에게 특권을 넘겨주려는 '의지'가 아니라, 그럴 수 있는 '능력'"이라고 지적한다. 그리고 "부모들이 자녀들에게 온갖 특권을 성공적으로 물려줄수록 자녀들의 삶의 결과는 개인의 능력이 아니라, 상속에 의해 결정된다"고 일갈한다. 이 대목에서 하나 던지고 싶은 질문은, **이미 현실은 이렇게 상속에 의해 인생이 결정되는 사회로 전환된 지 오래인데, 우리는 왜 여전히 능력주의가 작동한다고 착각하고 이를 열렬히 옹호해왔을까**, 라는 것이다. 그것은 20퍼센트 성 안 사람들의 자기기만이 아닐까? 또는 능력주의가 자신들의 지위를 정당화하는 유일한 논리인 상황에서 그것이 사라졌다고 공표할 수 없어서는 아닐까?

(성공한 상류층들에게) "자신이 일생 동안 이뤄낸 성과에 가장 커다란 기여를 한 것이 무엇인지 질문하자 대부분의 인터뷰 참가자들은 자신의 재능과 근면, 끈기를 언급했다. 안전하고 경제적 자원이 풍부한 동네에 거주할 수 있었던 부모의 배경, 우수한 학교에서 공부할 수 있었던 여건, 폭넓은 사회적 인맥의 도움을 받을 수 있었던 덕에 받게 된 혜택을 언급하는 사람은 거의 없었다."

McNamee, 2013

그리고 80퍼센트 성 밖 사람들 역시 계층 사다리를 지탱하던 능력주의가 무너졌다고 인정하기가 두려웠던 것 아닐까?

'만들어진' 특권의 시대

출신과는 무관하게 노력과 성과에 따라 보상받게 하는 철학이자 방법으로서의 능력주의는, 소수의 특권 세습을 정당화하는 귀족주의와 선명하게 대비된다. 그런데 세습이 능력주의에서도 작동 가능하다는 놀라운(?) 사실을 앞에서 확인했다. 여기서는 20세기 이전까지 존재했던 **귀족주의 세습**과, 최근에 새롭게 생겨난 **능력주의 세습**을 조금 더 비교하며 살펴봄으로써, 능력주의의 특성과 함정을 좀 더 파고들어보자.

이 대목에서 다니엘 마코비츠Daniel Markovits의 최근작 『능력주의의 함정The Meritocracy Trap』은 중요한 논쟁거리를 던진다. 불평등으로부터 이야기를 시작해보자. 최근의 극심한 불평등이 단지 소득 격차의 문제가 아니라는 점은 속속 확인되고 있다. 조국 임명 논란 과정에서 이슈가 된 것은 자녀교육 과정을 뒷받침하는 부모의 경제적, 사회적, 문화적 자본의 압도적 격차였다. 게다가 그것은 재벌가와 평범한 집안 간 차이가 아니었다. 일종의 (능력주의) 엘리트 집안과 평범한 집안 간 차이였고, 그냥 차이가 아니라 세대를 넘어 이어지는 삶의 총체적 분리의 문제였다.

불평등이 단순히 동 세대 내 소득 격차 차원을 넘어서 세대를 이어가며 확대·재생산되고 있다면, 능력주의 기제에 뭔가 이상이 생긴 것이 아닌가? 이 통상적인 질문에 대해 마코비츠는 전혀 다른 답을 내놓는다. 그는 불평등이라는 이 시대의 핵심적 비극이 능력주의가 제대로 작동되지 않았다거나 능력주의로부터의 궤도 이탈 때문에 생긴 것이 아니라, 능력주의가 제대로 실현되었기 때문에 벌어진 일이라고 설명한다. 즉, **"능력주의는 불평등 확대에 대한 해법이 아니라, 불평등이 자라난 뿌리**Meritocracy is not the solution to rising inequality but rather its root**"**라는 것이다. (Markovits, 2019)

상식과 어긋나는 이 역설은 어떻게 설명되는가? 우선 마코비츠는 현대 **능력주의 엘리트**meritocratic elites가 중세 귀족과 다른 것은 물론, 100여 년 전에 베블런이 절묘하게 표현했던 유한계급과도 다르다고 주장한다. 요점은 이렇다. 1950~1960년대에 본격적으로 **능력주의 혁명**meritocratic revolution이 일어나기 시작하면서, 모든 사람들이 이른바 인적자본을 쌓고, 또 자녀에게도 고급의 인적자본을 물려주는 풍조가 생겼다. 다시 말해서 새롭게 형성된 엘리트 집단은 과시적 소비로 시간을 낭비하는 유한계급이 아니다. 이들은 최고의 학력과 자격을 얻기 위해 엄청난 자원을 투자하여 전문 경영인, 은행가, 법률가, 의사, 회계사, 로비스트와 같은 엘리트 직업을 획득한다.

이런 엘리트들은 과거와 달리 가장 많은 시간을 직장 생활에 투입하는데, 그것이 현대의 중상위층이 종사하는 이른바 **극한 직업**extreme jobs의 특성이다. 즉 현대 엘리트는 과거의 유한 엘리트leisure elites와 확연히 대비되는 **일하는 엘리트**hard-working elites로 변했다. 엄청난 학력과 자격을 획득하고, 엄청난 노동시간을 투입해 극한 직업을 견디는 대가로 문자 그대로 엄청난 보상을 요구하게 되고, 더 나아가 능력이라는 명목으로 이 사회의 물적, 인적, 사회적 자원을 독식하게 된다. 이렇게 **능력주의 불평등**meritocratic inequality이 자라나게 되는 것이다. (Markovits, 2019)

이뿐만이 아니다. 이들은 자녀들도 최고의 엘리트가 될 수 있도록 압도적인 자원을 투입한다. 고학력 엘리트들은 끼리끼리 만나서assortative mating 결혼을 하고 아이를 낳아서 물질적 지원뿐 아니라 평균적으로 더 많은 양육 시간을 아이에게 '투자'한다. 이어서 자녀를 특권적이고 학비가 비싼 학교에 보내고, 각종 과외교육을 시켜, 결국은 일류대학(원)에 보낸다. 그 이후, 일류대학(원) 졸업생들이 엘리트 직업에 종사하며 초

고액 연봉을 받는 일련의 코스를 따라서 엘리트 지위는 세습된다. 20세기 중반까지의 유한 귀족 자녀들의 특권이 '타고나는being born'것이었다면, 오늘날 현대 능력주의 엘리트 자녀들의 특권은 '만들어진다being made'. 이것이 바로 과거 귀족주의 세습과 대비되는 능력주의 세습의 구축 과정이다. 능력주의는 자신이 부인하고자 했던 세습을 스스로 불러들이고 있다. 그 때문에 **능력주의는 귀족주의를 몰아낸 것이 아니라 차라리 귀족주의를 혁신한 것이라고 할 수도 있다.**

한 가지 덧붙인다면, 세상에서의 성공과 실패를 가르는데 능력이 큰 영향을 미친다고 믿을 경우, 사람들은 다른 사람들의 불행한 처지에 대해서 포용적이기보다 이기적이고 차별적인 방식으로 행동하는 경향이 있다. 왜냐하면 모든 결과를 운이나 환경이 아닌 각자의 능력과 노력의 소산으로만 해석하고, 따라서 차별적인 결과도 당연하다고 인식하기 때문이다. 결국 능력주의가 작동하지 않는데도 능력주의를 믿는 사회에는 오히려 능력주의가 원래 부인하고자 했던 각종 불평등과 차별이 만연하게 되는 경향이 있다. (Mark, 2019)

이런 상황에서 부모가 자녀에게 물려주는 핵심적인 유산은 물질 자본이 아니라 인적자본일 것이다. 부모가 사망 후에 유산으로 남겨주는 물질 자본보다는, 부모가 살아생전에 자녀에게 여러 방식으로 투자하는 인적자본의 역할이 더 커진다는 것이다. 이 대목에서 마코비츠는 흥미로운 계산 결과를 내놓는다. 상위 1퍼센트 엘리트 부모가, 자녀가 25세가 될 때까지 교육에 투자한 비용을 합산한 금액을 신탁기금에 저축한 후 사후에 유산으로 물려준다고 가정하면 그 규모가 무려

1,000만 달러(약 100억 원)에 달한다는 것이다. 같은 계산법을 상위 10퍼센트에 적용해보면 기금 규모가 10억 원 이상일 것이고, 이는 한국사회에서도 마찬가지가 아닐까? (그는 이를 토대로 토마 피케티가 물질적 부의 세습을 강조했던 점에 대해서 일정하게 비판을 하는데, 여기에는 다소 논란의 여지가 있다.)

8

—

586세대의 책임과 운명

그 세대는 지독하게도 운이 좋았다

앞서 누군가의 운명을 가늠할 때 '어느 부모에게서 태어났는가?'와 함께 '어느 시기에 태어났는가?'가 대단히 중요다고 언급했다. 여기에서는 **586세대**를 중심으로 그 내용을 조금 더 풀어보자.

586세대는 누구인가? 흔히들 586세대 중심에는 민주화 운동에 적극 앞장선 운동권 집단이 있고 이들이 학생회 등 강력한 조직화 경험을 정치적 자산으로 삼아 21세기 한국 정치사회 20년을 통치해왔다는 점에 주목한다. 그런데 나는 이들의 핵심 특징이 다른 데 있다고 생각한다. 바로 '태어난 시점 자체가 행운'이라는 점 말이다. 왜일까? 해방 이후 한국사회에서 능력주의가 제대로 기능한 시기는 대략 1970년대부터 외환위기 이전까지로 보이기 때문이다. 바로 586세대가 성장하고, 대학 졸업 후 사회에 진출한 시기다.

어쩌면 586세대 엘리트층이 (진보든 보수든) 현재 시점에 사회적 책무성을 가져야 하는 것은 그들 중 상당수가 사회적으로 상위 20퍼센트 성 안에 살고 있기 때문이기도 하지만, 다른 한편으로는 지금의 청년세대에 비해 그들이 사회적 자원 분배의 혜택을 더 많이 받으며 성인이 되었기 때문이다. 다시 말해서 그들이 성인이 되던 시절에는 지금처럼 기성세대가 자원과 권력을 모두 쥘 수 있는 상황이 아니었다. 그 덕분에 586세대는 비교적 일찍부터 자원 분배 과정에 더 많이 참여했고 지금까지도 그 자원을 쥐고 있는 행운을 누리게 되었다. 어째서 그렇게 되었을까? 이는

586세대가 지금 청년세대보다 더 똑똑하거나 우월했기 때문이 아님은 물론이고, 기본적으로는 이철승 교수가 『불평등의 세대』에서 언급하는 것처럼 한국의 벼농사 문화나 위계질서 때문도 아니다.

그 진정한 이유는 다음과 같다. 586세대가 청년으로 성장한 시기 한국사회에서는 상대적으로 자산과 소득의 평활화가 이뤄졌다. 이를 토대로 세계적으로 유래 없이 높은 경제성장률이 30년 가깝게 지속됐고, 인구성장도 함께 이루어졌으며, 교육제도가 상대적으로 평준화되었던 점 등이 복합적으로 작용했다. 구체적으로 보면, 1950년대에 농지개혁으로 자산 평활화가 일차적으로 진행되어 자산 지니계수(자산 분배의 불평등도를 나타내는 수치로, 높을수록 불평등이 심함)가 0.7 수준에서 절반 이하인 0.3 수준으로 떨어진다. 1960년대에 경제개발계획이 시작된 이후 1970년대부터 경제성장률이 두 자릿수가 되었고 외환위기 전까지 대체로 8퍼센트대 성장률이 유지되면서 일자리가 폭증했다. 이런 환경에서 586세대의 부모들은 대부분 소득 안정화 측면에서 지금과 같은 극단적인 불평등을 겪지 않았다. 소득 지니계수만 놓고 보면 1990년대 초는 역사상 가장 평등화된 시기였을 정도다. 여기에 중고등학교 평준화, 사교육 금지 등의 교육정책은 (부작용도 많았지만) 부모의 재력에 따른 자녀의 교육 격차를 어느 정도 제약했다.

그 결과는 개천에서 용 나는 시대의 개막이었다. 부모의 자산과 소득 격차가 지금처럼 크게 벌어지지 않으니 아이들의 성장에 대한 부모의 영향력은 제한적이었다. 학생들의 교육 환경이 결정적으로 다르지 않아, 누구나 자신의 노력으로 사회적 계층 사다리 한두 단계는 넘을 수 있을 정도의 기회가 열렸다. 학교를 졸업하고 취업해야 하는 시점에도, 높은 경제 성장률로 인해 구인 수요가 많았고 웬만하면 누구나 안정적인 일자리를 구할 수 있었다. 일자리 간 소득 격차도 그렇게 크지 않았다. 그 결과 지금에 비하면 사회복지 수준이 형편없었음에도 불구하고 불평등은 심각하지 않았다.

한국 경제의 실질성장률 장기 변화 추이

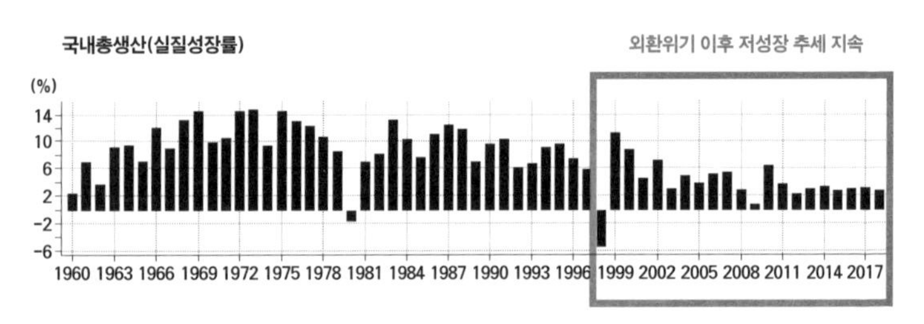

1997년 외환위기 이후 출생하거나 성장한 2030세대는 저성장 세대임을 알 수 있다. 출처: 한국은행

586세대의 일부가 민주화운동에 헌신할 수 있었던 것도 그들이 다른 세대에 비해 사회의식이 특별히 더 높거나 희생정신이 더 강했기 때문이라기보다는, 이들 세대에게 우호적인 사회적 기회 공간이 주어졌기 때문은 아닐까? 그들은 대학 재학 시절에 취업에 대해 걱정하지 않고 민주화에 시간을 다 쏟더라도 졸업 후 장래를 설계하는 데에는 거의 문제가 없었던 것이다.

이런 경향은 미국이나 서구의 베이비부머 세대에게서도 유사하게 나타난다. 이들은 제2차 세계대전 이후에 태어나 1950~1970년대에 청소년 및 성인기를 보낸 세대다. 이들 국가에서도 전쟁 이후 사회적 연대의 분위기 속에서 자산과 소득의 평활화가 일어났다. 케인스주의적 경제 안정과 고속 성장 덕분에 일자리가 풍부했다. 노동조합의 협상력을 기반으로, 노동생산성이 올라가는 만큼 임금도 계속 상승했다. 이는 앞에서 퍼트넘이 언급한, 베이비부머 세대가 성장한 바로 그 환경이다. **이렇게 서구의 베이비부머 세대와 한국의 586세대는 '태어난 시기'에 관한 한 지독하게도 운이 좋았다. 능력주의가 꽃피운 전성기에 태어난 것이다.**

그 이후, 기회의 창이 닫히다

문제는 그 다음이다. 능력주의라는 기회의 창을 열고 나와 사회 곳곳 중요 지점에 포진한 586세대는 다음 세대가 올라오려는 순간에 기회의 창을 닫아버리고 만다. 절반은 무의식적으로, 그리고 절반은 무능력 때문에. 그 결정적 계기는, 세계적으로는 1980년대의 신자유주의 대두였을 것이고, 한국의 경우에는 1997년 외환위기였을 것이다. 외환위기 이후 한국 경제성장률은 2000년대에 5퍼센트 수준으로, 2010년대에는 3퍼센트 수준으로 주저앉는다. 경제 규모의 팽창 속도가 느려지는 것은 오히려 작은 문제일지도 모른다. 평등화를 받치고 있었던 노동시장의 규율이 해체되면서 비정규직이 급격히 증가했고 고용불안과 소득불안에 본격적으로 시달리는 세상이 왔다. 2010년대에는 한 발 더 나아가 플랫폼 노동이라는 더욱 불안정한 노동 형태가 확산됐다.

경제성장률 하락은 일자리 기회의 하락으로, 상시적 고용불안정은 정규직과 비정규직 간 불평등 격차의 확대로 이어진다. 반면 자산을 가진 일부 집단은 2006년과 2018년 전후 두 차례에 걸친 부동산 가격 폭등에 힘입어 자산 규모를 더욱 늘려간다. 한편 이 시기에 사교육은 점점 더 전문화되고 기업화되는가 하면, 2010년을 최정점으로 대학 진학률이 80퍼센트에 달할 만큼 청년들 대부분이 대학에 진학하지만 등록금도 빠르게 오른다. 이런 부담을 감당할 수 있는 집안과 그렇지 않은 집안의 자녀 간 교육 성과 격차는 커진다.

여기에 덧붙여 장기화된 저출산·고령화 때문에 586세대의 경제활동 기간이 늘어나면서 이들이 각종 경제·정치적 자원들을 더 장기 보유하게 된 한편, 인구 측면에서도 청년들을 압도함에 따라 자원의 세대 간 이전이 지체되고 있다. **즉, 부와 권력 자원, 사회적 자원들이 아래 세대로 흘러가지 않은 채 586세대 안에 고여 있는 상태가 지속되고 있는 것이다.**

연도별 신생아 출생수

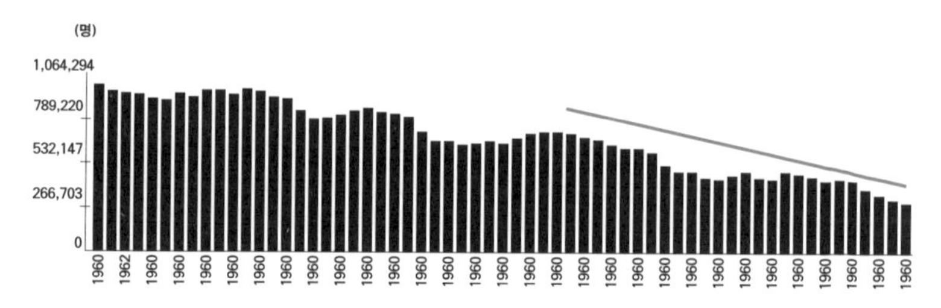

2030세대는 저출산 탓으로 인구 측면에서도 586세대와 경쟁할 수 없게 되었다. 출처: 통계청

이는 이철승 교수가 『불평등의 세대』에서 지적하는 것처럼 단순히 한국의 위계적 연공서열이나 '이익 네트워크로 변질된 80년대 운동권 집단' 탓이기보다 시대적 변수들이 복합적으로 작용해 벌어진 현상으로 보는 것이 더 타당하다. 그 이유는 이런 현상이 한국만의 특징은 아니기 때문이다. 예를 들어 조지프 스턴버그Joseph Sternberg는 최근 그의 책 『10년의 도둑질: 베이비부머 세대는 밀레니얼 세대의 경제적 미래를 어떻게 훔쳤는가?The Theft of A Decade: How the Baby Boomers Stole the Millennials' Economic Future』에서 베이비부머(1946~1962년생)와 밀레니얼(1981~1997년생) 사이 자원 분배의 불평등이 심각하다고 고발하면서 밀레니얼 세대를 위기의 세대라고 칭하고 있다. 특히 경기침체와 주택 가격 거품, 노동시장 유연화 등으로 인해서 밀레니얼 세대는 무급 인턴과 임시직 일자리가 지배적인 노동시장에 들어가야 한다는 점에서, 안정적인 정규직 취업 기회를 통해 이미 사회에서 자리를 잡은 기성세대보다 절대적으로 불리하다고 지적한다.(Sternberg, 2019)

그 결과 1950년대만 해도 25~34세와 45~54세 사이의 임금 격차는 4퍼센트였는데, 1970년대에는 11퍼센트, 2011년에는 무려 41퍼센트까지 벌어지게 되었다. 더욱이 대기업일수록 기업 내 평균연령도 높아져 캐나다의 경우 100인 이하 중소기업은 중위연령대가 40.5세, 500인 이하 중견기업의 경우 41.3세, 500인 이상 대기업의 경우 42.6세라고 조사되었다. 이렇게 한국의 586세대와 미국의 베이비부머 세대, 그리고 한국의 청년들과 미국의 밀레니얼 세대 사이에는 상당한 공통점이 있음을 볼 수 있다.

요약하면 최근 30~40년 동안 경제사史의 공간에서, 경제성장률이 점점 둔화되면서 노동유연화 등 제도 변화 탓에 일자리는 점점 불안정해지고, 금융과 부동산 등 자산 가격만 폭등하는 현상이 연령대별 경제적 경험의 단층선을 만들어낸다. 특히 성장세가 단계적으로 주저앉으면서, "다음 세대에는 더 윤택해진다"는 전통적인 패턴이 깨지고, 인구조차 베이비붐 세대 이후로 줄어들자 자원과 권력이 다음 세대로 내려오지 않는 상황이 된 것이다.

그 결과 한국의 586세대와 2030세대 사이에 나타나는 격차는 경제적인 것에 그치지 않는다. 586세대는 다양한 자원을 쥐고 있을 뿐 아니라 인구가 가장 많은 연령대여서 정치적 영향력 측면에서도 유리한 위치를 점하고 있다. 이에 반해 2030세대는 유권자 수도 상대적으로 적어 586세대보다 불리하다.

긴 안목으로 돌이켜보면, 사실 586세대가 겪었던 경험은 일반적이기보다는 매우 특수하다. 노력한 만큼 성과를 기대할 수 있는, 능력주의에 우호적인 환경에서 살아온 것이다. 그러나 **능력주의에 내재된 자기파괴적 속성과 신자유주의화라는 불평등 기제의 작용에 의해 능력주의의 작동은 한 세대 만에 멈춰버렸고 세습사회가 지배하는 세상이 왔다.** 그럼에도 불구하고 아직 많은 586세대는 지금의 청년세대에게 '능력주의 이데올로기'를 열심히 설파하고 있다.

Chapter3

정책
사회적 상속을 제안한다

9

세대 간
릴레이 경주,
어떻게
멈출 것인가

21세기에 상속은, 자녀가 태어나자마자 시작된다

지금까지 어느 정도 진단과 분석을 했으니 대안과 정책을 살펴볼 차례다. 적어도 사회에 만연한 불공정을 고치겠다고 나서는 정치인이라면 검찰개혁 등 절차적 민주주의를 보완(첫 번째 층위)하거나 공정 경쟁 구도를 손보는 수준(두 번째 층위)에 그치면 안 된다고 나는 생각한다. 한국사회의 공정은 일차적으로 불평등 해소(세 번째 층위)를 통해서 확보된다. 하지만 뒤에 상세히 설명하겠지만 불평등은 단지 기성세대에게 유리한 노동시장의 연공서열 체제를 직무급으로 교체하는 등 국지적인 제도 보완만으로 완화되지 않는다. (만약 이런 식의 처방이 효과가 있었다면 미국을 포함해서 연공서열 체계가 강력하지 않은 서구에서는 한국사회만큼 불평등이 심하지 않아야 하는 것 아닌가? 그러나 미국의 불평등 수준은 한국보다 심하다.)

더욱이 현재 한국사회가 직면한 불평등은 마지막 층위, 즉 불평등의 대물림과 세습을 멈추는 대안 없이는 근본적으로 풀리지 않는다. 이는 정책적으로 보면 신성불가침의 **사적 재산권**에 도전하는 것이 될 수도 있다. 또한 **사적 상속**이라는 통념을 바꾸는 정책의 도입을 의미할 수 있다. 그런데 이 정도로 강도 높은 개혁이 가능하려면 정치적 지형 안에서도 세대교체가 이뤄져야 한다. 왜냐하면 기존의 재산권과 사적 상속제도에 도전하는 정책들을 기존 586세대가 수용하기는 쉽지 않을 것이기 때문이다. 새로운 정책을 수용하고 실현할 의지를 가진 새로운 정치 세력 형성이 필요하다는 이야기다.

또한 세습이 능력을 압도하는 사회적 상황에 맞춰 세습의 주요 기제인 **상속**과 **유산**의 개념도 다시 정의해보아야 한다. 우리는 흔히 상속이라고 하면 부모세대가 사망하면서 남긴 유산을 물려받는 것을 떠올린다. 하지만 저출산·고령화 및 장기적으로 하강 곡선을 그리고 있는 경제 사이클에 의해 이런 상식은 깨지고 있다. 옛날처럼 부모가 사망한 이후에 유산을 받고, 이를 토대로 자녀들이 자산가가 된다든지 하는 광경은 2020년대에는 더 이상 일반적이지 않다.

오히려 진짜 중요한 상속은 부모가 살아생전에 자녀들을 키우는 과정에서 이뤄지게 된다. 경제적 측면에서만 봐도, 점점 더 오래 살게 된 부모들이 꾸준히 자녀들을 지원하는 자산 비중이 훨씬 중요해지고 있다. 그러다 보니 "특권층 자녀들은 부모로부터 재산을 물려받기 위해 부모가 죽을 때까지 기다릴 필요가 없다." 즉 "부모가 살아생전에 자녀에게 주는 돈과 증여가 사망 시에 일괄적으로 상속되는 재산보다 세대 간 전달에서 한층 커다란 비중을 차지"하게 되었다는 분석이 나온다. (McNamee, 2013)

이뿐만이 아니다. 자녀들은 부모가 가진 다양하고 특권적인 인맥을 활용할 수 있게 되므로 **사회적 자본** 역시 통째로 상속받게 되는 셈이다. 또한 부모가 누리는 각종 **문화자본** 역시 부모 살아생전에 가정의 일상을 통하여 체계적으로 상속될 가능성이 높다. 비록 부모가 직접적으로 학력과 직업을 물려줄 수는 없다 하더라도, 이에 준하는 것들은 얼마든지 상속할 수 있다는 이야기다.

"상속은 후손에게 전해지는 많은 양의 재산 그 이상이다. 좀 더 포괄적으로 정의하면, 상속은, 어떤 사람의 출생 시에 정해진 최초의 사회계층이 미래의 인생에 미치는 총 영향을 뜻한다. 자녀들에게 특혜와 우위를 물려줄 수 있는 위치에 있는 사람이 슈퍼리치만은 아니다. 정도의 차이는 있지만 상대적으로 특권층이라고 할 만한 배경을 가진 모든 사람들은 특권과 우위를 물려받는다."

McNamee, 2013

결론적으로 21세기에 상속은 자녀가 태어나자마자 시작된다. 자녀교육, 인적자본 형성 등의 과정을 통해서, 부모의 인맥 규모와 질에 따라 결정되는 사회적 자본의 충분한 향유를 통해서, 그리고 부모가 지닌 문화자본의 공유와 자연스런 전달을 통해서 성인이 될 때까지, 나아가 성인이 되고 난 이후에도 순차적이고 체계적으로 상속이 일어난다.

분노에 잠식된 민주주의

능력주의는 원래 기회의 평등을 보장한다고 간주되었다. 이는 어떤 대학도 학생을 학업성적에 따라 평가하고, 어떤 기업도 직원을 기술 능력에 따라 고용한다는 원칙이다. 어떤 연줄, 특혜, 연고, 세습의 영향도 없어야 한다. 능력주의의 본고장인 미국은 물론 한국에서도 이런 믿음은 일종의 종교 수준이었다. 하지만 한 번 능력주의에 의해 키워진 한 세대의 엘리트들(앞에서도 언급했듯 미국의 베이비부머 세대와 한국의 586세대)은 일단 사회를 지배한 이후, 사회적 산출의 압도적 부분을 가져갈 뿐 아니라 자신의 자녀들을 엘리트로 **만들어내는** 사회적 경로도 제도적으로 구축했다. 그 결과 기회의 평등은 사라지고 불평등은 심화되었으며, 기득권과 특권은 대물림된다. 미국에서도 한국에서도 능력주의의 평등화 기제는 한 세대를 넘지 못했고 두 번째 세대로 넘어오면서 오히려 **능력주의 위계질서**meritocratic caste order가 사회에 고착되어버린 것 같다.

그렇다면 스스로 부정했던 세습 구조를 다시 불러들이고 전대미문의 불평등을 초래한 능력주의의 함정에서 어떻게 벗어날 수 있을까? 역사적으로 볼 때 한 사회의 불평등이 확실히 끝난 계기는 "전쟁, 혁명, 국가의 붕괴, 전염병, 기타 참사들과 같은 치명적인 대재앙"뿐이라고 단언할 수 있을 만큼 불평등이나 세습 해체는 결코 쉬운 과제가 아니다. (Scheidel, 2017)

그런데 능력주의에서 태어난 엘리트주의는 벌써 다른 암초를 만나 해체의 수순을 밟기 시작했다. 그 암초는 바로 우익 포퓰리즘이다. **불평등이 세대를 넘어 확산·심화되는 상황을 정치가 적절하게 제어하지 못하자, 민주적 질서를 무시하는 우익 포퓰리즘이 발흥한 것이다. 이는 불평등이 민주주의를 먹어 치우는 서구 민주주의의 위기를 보여주는 것이다.**

"1인당 국내총생산이 7,000달러를 넘어선 민주국가 가운데 전제 정부로 회귀한 사례는 하나도 없다. 일정 수준의 번영에 이르면 민주주의는 강해진다." 영국 정치철학자 데이비드 런

시먼David Runciman은 제2차 세계대전 이후 서구사회의 신념을 이렇게 표현했다. 정치학자 래리 다이아몬드Larry Diamond에 따르면 1970년까지만 해도 지구상의 '선거 민주주의' 국가는 35곳이지만 2006년에는 그 숫자가 119곳까지 올라갔다고 한다. 이런 데이터를 근거로, 일정한 경제 수준에 이른 국가들에서 선거 민주주의가 한 번 정착되면 정치적 상황이 뒤로 후퇴하는 법은 절대로 없다고 사람들은 굳게 믿었던 것이다. (Runciman, 2013)

하지만 이 믿음은 더 이상 진실이 아니다. 2016년 미국에서 우익 포퓰리스트 트럼프가 대통령에 당선되고 국내외적으로 민주적 질서를 교란시켜나간 것이 대표적 반증이다. 정점에 올랐던 선거 민주주의 제도는 여러 국가에서 이미 무너지고 있었고, 프랑스 사회당을 위시한 수십 년 전통의 정당들도 하루아침에 군소 정당으로 추락하기 시작했다. 반면 국민전선The National Front(프랑스), 자유를 위한 당The Party for Freedom(네덜란드), 독일을 위한 대안The Alternative for Germany(독일), 자유당The Freedom Party(오스트리아). 스웨덴 민주당Sweden Democrats(스웨덴), 티파티Tea Party(미국) 등 극우 정당들이 세력을 얻어나갔다. 여기에 러시아의 푸틴, 터키의 에르도안, 헝가리의 오르반, 폴란드의 카진스키, 필리핀의 두테르테, 브라질의 보우소나루 등 우익 포퓰리스트들의 통치도 세계 곳곳에서 시작됐다. "지난 20년간, 공고한 정당 구도는 빠르게 녹아내렸다. 몇 년 전까지만 해도 정치의 주변부에 있었거나 아예 존재하지 않았던 정당들이 정치판에서 확고한 기반을 마련했다." (Mounk, 2018) 이런 맥락에서 보면 사실 트럼프의 집권은 절대로 돌출적이거나 우연적인 것이 아니었다.

상위 20퍼센트를 위한 정당정치

그렇다면 어째서 불가역적이라고 믿었던 선진국의 선거 민주주의 체제가 하나씩 포퓰리즘으로 오염되었을까? 세계 곳곳에서 이른바 **민주주의 침체**democracy recession가 왜 진행되고 있는 것일까? **지난 수십 년 동안 민주주의가 전문가나 엘리트 집단에 의한 통치로 사실상 대체되어오면서, 권력을 쥔 엘리트 집단이 시민들의 요구와 불만에 전혀 반응하지 못했기 때문**이라고 많은 정치학자들은 진단한다.

"20세기와 21세기 초를 거치는 동안, 공무원 수는 그야말로 치솟았으며, 그들의 영향이 미치는 범위 또한 현저히 넓어졌다. 그 결과, 국민이 뽑은 대표들이 공공정책에 미치는 영향력은 격감할 수밖에 없었다." "지난 30년 동안 서구의 정치는 법원, 관료 기구, 중앙은행, 초국가적 기구의 역할 증대로 특징지어질 수 있다. 동시에, 로비스트의 활동, 정치자금의 규모, 정치 엘리트와 그들이 대표하는 국민 사이의 거리 역시 크게 늘어났다. 그 여파가 하나가 되면서 정치체제는 국민의 뜻과 유리되어 버렸다."

Mounk, 2018

문제는 단순히 정부 조직이나 관료 집단이 엘리트들로 채워지고 이들이 시민들의 요구에 무감각하게 관료적으로 통치했다는 점만은 아니다. 더 결정적인 문제는 시민과 관료를 매개하면서 **정치**의 역할을 높여야 할 정당들이 엘리트 전문가 집단, 혹은 그들의 이해관계를 대변하는 정당으로 변질되었다는 점이다. 전통적인 보수 정당은 물론 미국의 민주당이나 유럽의 사회민주당도 여기에서 예외가 아니다. 토머스 프랭크는 미국 민주당이 이제는 노동자나 중산층 시민을 대변하기보다는 "지식경제의 승리자들, 즉 실리콘밸리의 두목들과 대규모 종합대학 시스템, 2008년 대선에서 오바마에게 큰돈을 기부했던 월스트리트 거물"들을 노골적으로 대변하는 정당으로 변질되었다고 비판한다.(Frank, 2016) 최근에 이 대목을 아주 신랄하게 지적한 사람은 불평등을 연구하는 경제학자 토마 피케티다.

피케티는 제2차 세계대전 이래 지금까지 70여 년 동안 서구 선거에서의 투표 패턴을 분석한 결과 미국의 경우 민주당 지지자들이 1960년대까지만 해도 저학력 저소득 노동자 계층이었는데, 그 이후 상황이 바뀌어서 점점 더 대학이나 대학원 졸업을 한 최고학력 엘리트가 지지하는 **지식엘리트 정당** Brahmin Left으로 바뀌었다는 것이다. 그리고 공화당은 예나 지금이나 부자들이 지지하는 **자산엘리트 정당** Merchant Right이다. 그 결과 미국 정치 구조는 노동자 서민을 대변하는 정당과 기득권 부유층을 대변하는 정당 간의 대결이 아니라, 지식엘리트 정당과 자산엘리트 정당 사이의 대결, 즉 기득권 내부(성 안 사람들) 사이의 대결 정치로 변질되었다는 것이다. 그는 이런 구조를 꼬집어 **다중 엘리트 정당 시스템** multiple elite party system이라고 부른다.

이 대목에서 피케티는 중요한 단서를 하나 더 남긴다. 앞에서 우리가 살펴본 것처럼, **지식엘리트와 자산엘리트는 세대를 거듭하면서 분리되는 것이 아니라 하나로 통합되어간다.** 즉 부모의 고소득 → 자녀의 고학력 → 자녀의 고소득의 순환 고리가 만들어지고 있는 것이다. 따라서 이제 고학력은 곧바로 고소득으로 연결되고 지식엘리트와 자산엘리트는 점점 더 한통속으로 섞이게 된다는 것이다. 그 결과가 이미 미국 정치에 반영되는 중이다. 2016년 미국 대선에서 민주당은 그 어느 때보다도 부유층의 지지를 많이 얻었다.(Piketty, 2019) 그렇다면 앞으로 지식엘리트와 자산엘리트는 다음 세대에서 **세습엘리트** patrimonial elites라는 하나의 견고한 집단으로 뭉치게 될 전망인데, 이러한 경향의 정치적 귀결이 무엇일지는 아직 미지수다.

이는 미국만의 이야기가 아니며 유럽을 포함한 서구의 전반적인 현상이다. 그리고 이는 한국에도 현실로 나타날 개연성이 커지고 있다. 최근『세습 중산층 사회』저자 조귀동과 한귀영 한겨레경제사회연구원 사회정책센터장은 한국의 정당들을 일컬어 구 자유한국당(현 미래통합당)은 "상위 1퍼센트 건물주들의 정당"이고, 더불어민주당은 "상위 20퍼센트 부장님들의 정당"이라고 빗대기도 했다.• 이 비유가 반드시 들어맞는 것은 아니라고 해도 기존의 주요 정당들이 점점 더 상위의 좁은 계층의 이해관계를 대변하는 데 집중하는 것 아닌가, 하는 문제제기를 한다는 점에서는 생각해볼 만한 이야기다.

• 한귀영,「[한귀영의 프레임 속으로] 능력마저 세습되는 사회」,『한겨레』, 2020.2.13.

이렇게 정당들이 상위 20퍼센트의 성 안 사람들의 이해관계만을 대변하여 다투는 상황으로 정치가 변질된 이유는 무엇이고 이는 어떤 결과로 이어질 것인가? 정치 전반에서의 기득권화를 제대로 설명해주는 논리는 많지 않은 것 같다. 하지만 그 결과가 어떨지는 비교적 명확하다. "시민들이 자신이 속한 정치체제에 충성심을 갖는다면, 그 까닭은 그 체제가 안전을 보장하고, 주머니를 두둑하게 만들어주기 때문이지, 그들의 가장 근본적인 원리원칙에 잘 들어맞기 때문이 아니"라는 통찰을 되새겨보는 것이 좋을 듯하다. (Mounk, 2018)

불평등과 경제적 불안정으로 신음하는 시민들은 이를 정치가 교정해주기를 기다렸는데 정작 정치는 아무 반응이 없었다. 엘리트들만의 이전투구로 변질된 정치는 시민들의 불만과 저항에는 갈수록 둔감해지게 된다. 정치로부터 외면당한 시민들은 기존 정당들에 대한 지지를 철회하고 외부자를 찾게 된다. 그것이 포퓰리즘의 시작이다. 특히 2008년 글로벌 경제위기 이후 10년 동안, 심화된 불평등과 이에 대한 시민들의 불만을 정치가 전혀 해결하지 못하면서, 기존 민주주의 정치제도와 정당 전체에 대한 불신이 시민들 사이에서 확대되었고 급기야 기존 절차와 제도를 무시하는 포퓰리즘에서 정치적 해결책을 모색하게 된 것이다.

과거 "민주주의가 안정적이었던 시기 내내, 대부분의 시민들은 생활 수준이 급격히 향상되는 것을 즐겼고, 더 나은 미래에 대해 높은 기대를 가지고 있었다." (Mounk, 2018) 하지만 이제는 우리의 자녀세대가 이전보다 더 어려운 삶을 살게 될 것이라는 전망이 커지는 상황에서, 그것을 재생산해내고 있는 경제 시스템뿐 아니라, 경제 시스템을 뒷받침하고 있는 정치 시스템에 대한 환멸이 깊어지고 있는 것이다. 대규모 경제 붕괴에 맞서 '기업가 정신과 혁신'을 들먹이는 안이한 태도를 보인 미국 민주당은 이 시대의 대표적인 사회문제인 불평등에 대처하는 데 참담하게 실패했고, 불황의 주범인 월스트리트에 강력히 대응하지도 못했다는 것이다.

이 대목에서 한 가지 의문이 생길 법하다. 엘리트 집단 내 경쟁으로 변질된 기존 정치에 환멸을 느낀 결과, 기존 정치권 밖의 지도자나 정치 세력을 찾았던 (대분열 구도 중 ②나 ④ 그룹인) 80퍼센트가, 어떻게 자신들의 불평등한 처지를 전혀 개선해 줄 것 같지 않은, 트럼프 같은 또 다른(?) 부유층을 지도자로 선택할 수 있느냐는 것이다. 미국 사회학자 앨리 러셀 혹실드의 통찰이 의문을 해결할 실마리가 될 수 있을지 모른다. 그는 5년 동안 남부의 티파티 지지자 가정들을 탐색한 후 티파티와 트럼프 핵심 지지층으로 알려진 미국 백인 남성들의 심리를 이렇게 표현한다.

"저 멀리 보이는 아메리칸 드림을 손에 넣으려고 긴 줄에 끈질기게 서 있는 사람이 있다. 십중팔구 기독교를 믿는 나이 지긋하고 가난한 백인 남성인 당신은, 오랫동안 줄을 서느라 지친 상태다. 당신 뒤에는 유색인이나 여성, 이민자 등이 있고, 기본적으로 당신도 그런 사람들에게 나쁜 마음은 없다. 당신은 오랜 세월 노동에 지쳤는데, 줄은 앞으로 나갈 기미가 좀처럼 보이지 않는다."

"그런데 갑자기 누군가 당신 앞에서 새치기를 하는 게 아닌가? 저놈들 정체가 뭐지? 흑인도 보이고, 여자나 이민자도 눈에 띈다. 백주 대낮에 새치기를 하는데, 꾹 참고 기다리고 있던 자기에게는 아무도 눈길 하나 주지 않는다. 소수자 우대 정책이니, 복지니 좋은 말만 늘어놓는데, 따지고 보면 결국 새치기를 봐주고 꾹 참으라는 소리에 지나지 않는다."

"게다가 한술 더 떠서 백인 남성은 기득권자니까 죄책감과 책임감을 가지라는 둥, 더군다나 가뜩이나 억울해 죽겠는데, 잘난 지식인들은 인종차별주의니, 동성애 혐오론자니 하며 잘 알아듣지도 못할 어려운 말로 틈만 나면 당신을 비웃는다. 억울한 마음이 저절로 생길 수밖에 없지 않겠는가? 뭔가 나라가 잘못되고 있다는 느낌이 든다. 숱한 사람들이 티파티 운동에 환호하고, 결국 도널드 트럼프를 대통령으로 뽑은 데는 그럴만한 이유가 있었다."

Hochschild, 2016

이렇게 불평등에 고통받던 80퍼센트 기성세대는 자신의 분노를 최상위 1퍼센트, 또는 상위 10퍼센트 기득권 엘리트를 향해 직접 쏟아내기보다는, 그들 엘리트들이 특별히 두둔해 온 소수자(이민자, 여성, 성소수자, 심지어는 동물)에게로 돌린다, 심지어는 엘리트들이 세계주의나 개방을 옹호했던 것에 대한 반발로, 외국(중국, 멕시코 등)에 대한 적대감을 표출하는 현상이 나타난다. **시민들 앞에 갑자기 등장한 우익 포퓰리스트가 자신 역시 엘**

리트 집단의 일원임을 감추기 위해서 엘리트 집단 밖에서 희생양을 찾도록 유도하기 때문이다. 이들은 '우익 정체성 정치'의 탈을 쓰고 등장한다. 그 결과 어느덧 경제적 불평등에 대한 제대로 된 해결책과 논의는 사라지고 사회에는 내부 갈등과 국수주의적 배타성, 소수자들에 대한 적대 등이 번성하게 된다.

한국정치의 위험한 징후들

2019년 조국 임명 논란이 한국사회에 미친 다차원적 파장 중 하나가 정치의 포퓰리즘화 가능성을 현실 가까이 당겨놓았다는 점이 아닐까 싶다. 서초동 집회와 광화문 집회의 충돌이 그 단적인 사례다. 조국 전 장관은 스스로 인정한 것처럼 기득권 엘리트의 일원이었고, 검찰 조직 역시 한국사회의 대표적인 기득권 엘리트 집단이다. 이들 양쪽을 대변해 대규모 군중 집회가 연속적으로 벌어지는 것은 명백히 **팬덤 정치**로 볼 수 있는데 이 역시 일종의 포퓰리즘 현상으로 해석할 수 있다. 『시사인』 천관율 기자는 팬덤 정치가 "지지하는 정치인에 대한 몰입, 소수파 의식, 그 결과로 도출되는 근본주의적 선악 구도를 세 기둥으로" 한다면서, "변형된 정체성 정치의 일종이다. 특히 정치인에 대한 지지를 자신의 정체성과 구분되지 않을 만큼 깊이 받아들였을 때 등장하는 현상"이라고 규정하고 있다.• 현재 미국 등의 우익 포퓰리즘의 토대가 되고 있는 배타적 정체성 정치와 팬덤 정치가 공통성이 있다는 것을 지적하고 있는 것이다.

50~60대 기성세대가 주도하고 있는 지금의 한국 정치는 여전히 과거 프레임 안에서 다투고 있다. 민주화 대 독재라는 오래된 '가치적 대결'이 지금은 '민주화 세력 대 산업화 세력'이라는 구도로 희석되어서 명맥을 이어오고 있는 것이다. 최근 검찰개혁 이슈 등 절차적 민주주의를 둘러싼 갈등도 같은 맥락에서의 대결이다. 따라서 여기에는 50~60대가 매우 민감하게 반응했고 일부 40대가 동조했지만, 20~30대는 한발 물러서 있었다. 그리고 기성세대가 내세우는 가치들이 (민주화이든 산업화이든) 점점 더 생명력을 잃어가는 와중에 정치적 양상은 맹목적 지지자들의 극단적 충돌인 팬덤 정치로 변질되어 간다. 일부 50~60대 정치인들은 새로운 프레임을 제시하고자 '미래 세력'이라는 깃발을 들었지만 4차 산업혁명 같은 최신 기술 트렌드를 의제에 섞어 넣는다고 미래를 전취할 수 있는 것은 아니다. 이런 식으로 기성세대가 민주화와 산업화라는 과거의 틀 안에서 다투는 동안, 불평등 이슈는 계속 외면당하고 있다.

기존 엘리트 집단이 주로 기성세대 시민들을 팬덤 정치로 분할시키고 서로 적대화하는 방향으로 가고, 80퍼센트 청년세대는 방관자로 외부화되고 있는 한국 정치의 국면이 앞으로 어떻게 전개될지는 아직 알기 어렵다.

하지만 분명한 것은 한국사회에는 포퓰리즘 폭발의 잠재성이 굉장히 많다는 점이다. 특히 보수적 포퓰리즘의 잠재성이 크다. 미

● 천관율, 「민주당, 편을 가를 것인가 합쳐서 이길 것인가」, 『시사인』, 2020.3.2.

국의 경우 러스트벨트 기성세대의 좌절을 에너지원으로 트럼프 지지 현상이 나타났다. 한국에서도 정치권이 계속 불평등이나 세습 구조를 외면하고 절차적 민주주의나 공정 경쟁이라는 표피적 이슈에 집착할 때 불평등에 좌절한 80퍼센트(기성세대와 청년세대를 막론하고)의 분노가 깊어질 것이며 이 분노는 포퓰리즘에서 탈출구를 찾으려 할 것이다.

한국사회 네 그룹의 정치적 표출 경향 및 포퓰리즘의 토양

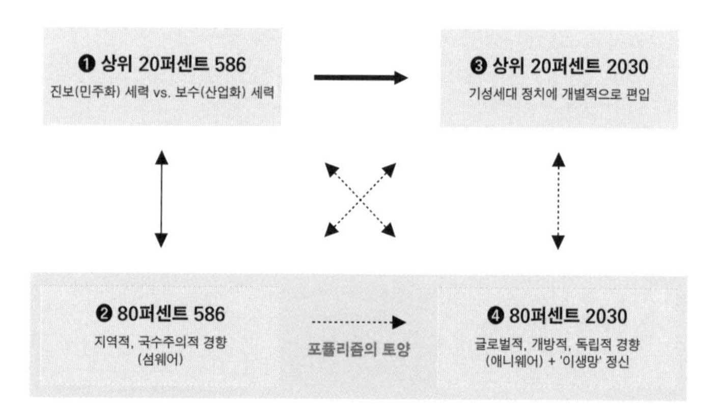

신자유주의를 거부하는 것, 그 이상이 필요하다

그러면 어떻게 우익 포퓰리즘의 길은 피하면서 신종 엘리트 세습사회를 해체할 수 있을까? 이는 물론 쉽게 대책을 내놓을 수 있는 주제가 아니다. 하지만 무엇보다 먼저 능력주의가 기회의 평등을 보장해줄 것이라는 원래의 전망과 정반대로 불평

등을 세습시키고 있다는 명백한 사실을 586세대가 제대로 인지하고 이에 대처하려는 공감대를 만들어나가야 할 것이다. 사실 능력주의가 만들어낸 신종 특권 세습 구조를 586세대가 미처 알아차리기 어려웠던 이유가 있는데, 매튜 스튜어트 Matthew Stewart의 말을 빌리면 다음과 같다.

"우리의 특권이 점점 커지는 현실을 직시하지 못하게 하는 데에는, 그런 특권이 최근에 생겨났다는 점도 한 몫 한다. (완전히 형성된 적도 없는) 능력자 계층meritocratic class이 신흥 귀족 계층으로 진화하는 데에는 채 한 세대도 걸리지 않았다. 계급은 우리 생각보다 더 빨리 고착되고 있다. 하지만 우리의 인식은 평범한 계급으로 태어났다는 가정에 갇혀 이를 빠르게 받아들지 못한다."

Stewart, 2018

아마 나를 포함한 586세대의 무지에 대해 선의를 갖고 해석하자면, 이런 이유 때문일 것이다. 하지만 눈앞의 대상이 기울어 보이면, 그 대상이 기울었나 의심하다가도, 한 번쯤은 내가 쓰고 있는 안경이 잘못된 탓에 기울어 보이는 것이 아닐까, 반성해보는 것이 맞다. 내가 보기엔 지금 상황이 그렇다. 기성세대들에게 세상이 똑바로 보이지 않는 이유는 세상이 엉망인 탓도 있지만, 과거의 지식으로 만든 기성세대의 안경이 잘못되었기 때문이기도 하다. 이제 옛날 안경을 버리고, 세상을 더 잘 볼 수 있는 새 안경을 준비해야 할 시기인 것 같다. 구식의 단순한 불평등 프레임이나 세대 프레임, 진보와 보수 프레임에 눈앞의 현실을 억지로 끼워 넣지 말아야 할 것 같다.

이제라도 현실을 인지했다면 그 다음에는 무엇을 해야 할까? 능력주의를 확실히 대체하는 제3의 사회적 평등화 솔루션을 당장 내놓기는 쉽지 않다. 하지만 그 와중에도 하나 확실한 것은, **능력주의가 특히 무차별 경쟁과 승자독식을 촉진하는 신자유주의와 만났을 때, 그 부작용이 훨씬 증폭된다는 점이다.** 시장의 무제한 경쟁과 승자독식을 억제할 힘이 있는 국가와 공공의 역할이 신자유주의에 의해 크게 축소되었고, 사회복지의 평등화 기제 역시 부실해졌기 때문이다. 하지만 이미 신자유주의가 작동한지 40여 년에 접어들면서 불평등은 너무 커졌고 이를 재생산하는 자산, 교육, 고용 구조는 너무 고착되었다. 지난 10여 년 동안 이어진, 신자유주의에 저항하는 움직임에도 불구하고 불평등 구조가 꿈쩍도 하지 않는 이유가 여기에 있지 않을까 생각한다.

따라서 신자유주의를 거부하는 것, 그 이상이 필요하다. 특히 성 안과 성 밖으로 분열된 세계를 정말로 해체하려면 성 안 사람들이 스스로 성문을 여는 것부터 시작해야 하지 않을까. 나를 포함하여 상위 20퍼센트가 스스로 자신의 위치를 먼저 고백하고 자신들이 속한 집단의 잘못을 반성하면서 문제를 풀어가야 한다는 것이다. 그런데 한국사회에서 최근 엘리트 집단의 특권에 대한 비판이 엄청나게 쏟아져 나오는 와중에, 그런 비판을 하는 사람 상당수가 바로 그 특권적 집단에 속하면서도 마치 본인에게는 해당되지 않는 것처럼 이야기를 하는 경우들을 본다.

비판의 강도만큼 불평등과 특권 세습을 심각하게 생각했다면, 단순히 조국 전 장관 등 몇몇 유력인사들의 세습 관행을 비판하는 것을 넘어, 과도한 세습의 뿌리를 잘라내려는 대규모의 조치를 취하자고 너도나도 제안했어야 하지 않을까? 상위 20퍼센트이든 아니든 기성세대부터 솔선하고, 이 과제를 풀기 위한 지혜를 총체적으로 모아야만 했다. 그리고 모든 사안에 앞서 특권 세습 해소를 국가적 과제로 다루는 것이 자연스러운 일 아니었을까? 하지만 현실은 그렇지 않았다. 한국사회의 여론 주도층과 언론은 검찰개혁에 매달리거나, 교육개혁으로 해결할 수 있다고 믿는 분위기였다. 이 대목에서 당연히 의심이 들 수밖에 없다. 한국사회의 식자들은 사실은 성벽을 허물 생각이 없는 것 아닐까?

어쨌든 세습의 고리를 끊어내는 역사적 행동을 한다면 어디에서부터 어떻게 시작해야 할까? 나는 이제라도 세습적 특권을 해체하기 위한 사실상의 전쟁을 시작하는 수밖에는 없다고 믿는다. 그것은 아마도 적폐청산보다 훨씬 더 어려울 것이다. 하지만 불평등 문제를 진짜로 해결하기 위해서는 이를 피해갈 수 없다. 특히 이것이 청년들의 미래를 위한 사회 구조 개혁이기에 정면 돌파하는 수밖에 없다고 생각한다.

상위 20퍼센트와 80퍼센트 사이의 성벽을 해체하는 전쟁에는 문자 그대로 격렬한 **계급 전쟁**의 측면이 있을 것이다. 그러면서도 순전히 적대적인 힘의 대결만으로는 해결할 수 없을 것이다. 1 대 99의 전쟁이었다면, 압도적 다수의 정당성을 근거로 대체로 적대적인 힘의 대결 구도가 되었겠지만 최상위

1퍼센트보다는 상대적으로 두터운 상위 20퍼센트 대 80퍼센트의 갈등 구도라면 20퍼센트 내부의 동의와 설득을 만들어내고, 그 결과 상당한 합의와 양보가 작동해야 '내전'이 되지 않으면서도 실제로 진전이 생길 것 같다. 그러자면 상위 20퍼센트 기성세대부터 자신의 특권을 어떻게 해체하고 닫힌 성벽을 개방할 수 있는지 고민해봐야 할 것 같다. 이 지점에서 민주화운동 경험을 한 586집단이 앞장서야 하고, 진보 정당들이 앞장서야 한다. **여기서부터 정치가 필요하다.**

또한 지금까지 불평등 문제에 대한 해법을 고민할 때 관행적으로 해왔던 것처럼 교육제도 개혁으로 먼저 들어가버리는 것은 좋지 않다. 교육제도에 수많은 사회문제와 공정 이슈가 응축되어 있기는 하지만, 오히려 그렇기 때문에 문제를 푸는 출발점으로는 적합하지 않을 수 있다. 이런 맥락에서, 2019년 조국 전 장관 자녀교육 이슈와 관련해 문재인 대통령이 이 이슈를 곧바로 교육개혁으로 끌고 간 것은 심각한 정치적 실수였으며, 더 나아가 개혁이라는 명분으로 대학입시에서의 정시 확대 조치를 내놓은 것은 더더욱 잘못된 판단이었다.

세습적 특권 문제를 근본적으로 해결하기 위해서는 교육제도를 둘러싼 맥락 전체를 뜯어고치는 근본적 대책이 필요하다. 나는 이 맥락을 크게 세 범주로 나누어, 각각의 범주에 맞는 대안을 고민해야 한다고 생각한다. 첫째, 교육제도의 입구 앞에서의 인생의 출발선 다시 맞추기, 둘째, 교육제도의 출구로 나가 사회에 진입한 이후의 격차 한계 정하기, 그리고 앞의 두 조치가 전제된 후에야 마지막으로 공정한 교육 기회의 보장 방안을 제대로 논의할 수 있다고 생각한다.

세습 해체를 위한 맥락을 봐야 한다

정리하자면, 대안 모색의 순서를 **교육제도 입구: 인생의 출발선 다시 맞추기 → 교육제도 출구: 사회 진입 후 격차 한계 정하기 → 교육제도: 다양한 개인의 능력 개발**로 잡아볼 수 있을 것 같다. 교육제도를 논의하기에 앞서 출발 조건을 맞추고 사회 진입 후 노동시장에서 구성원들이 받을 지위와 보상의 과도한 격차를 대폭 줄여놓아야만 교육개혁이 제대로 논의될 수 있기 때문이다.

그래야만 모든 정책적 책임과 무게를 교육제도 자체에만 싣지 않을 것이고, 좀 더 긴 안목을 갖고 다양한 선택의 여지를 둔 채 교육의 방향을 고민할 수 있게 될 것이다.

출발선을 비슷하게 맞추기 위한 즉각적인 조치로는 **청년기초자산제**를, 노동시장 평탄화를 위한 조치로는 **최저-최고임금제**를 제안할 것이다.

일정한 연령(20세 또는 25세)이 된 모든 청년들에게, 부모가 아닌 사회가 기본적인 수준의 **사회출발자본**을 제공하는 '사회적 상속'의 의미가 있는 청년기초자산제는 18세기 말에 토머스 페인Thomas Paine이 처음 제안했고, 특히 불평등이 극도로 심화된 최근에 매우 다양한 모습으로 새롭게 부상한 정책이다.

한편 최저-최고임금제는 노동시장의 바닥을 끌어올리고(최저임금) 위를 끌어내리는(최고임금) 정책을 배합해서 소득 격차가 일정 한계 이상으로는 벌어지지 않도록 하는 방안이다. 이는 지금처럼 학력과 학교에 따라, 정규직/비정규직 여부에 따라, 대기업에 다니는지 중소기업에 다니는지 따라 임금 격차는 물론 고용의 안정성이나 사회보장 수준 역시 크게 차이가 나는 상황에서는 아무리 교육제도를 잘 설계해도 효과가 나기 어렵다는 점을 보완하는 정책이다. 청년들이 교육제도를 통과한 후 진입할 사회의 격차를 줄여놓지 않으면, 그 격차가 미리 교육 현실에 반영되어 교육 자체가 왜곡되기 마련이다. (교육 내용이 공무원이나 특정 분야 취업 준비 과정으로 변질되거나 취업을 위한 학교나 전공으로 선택이 몰리는 등.)

최고임금은 "기존 최저임금의 몇 배에 해당하는 최고 소득 상한선을 새로이 설정"하고 "그 몇 배수가 넘은 소득에는 100퍼센트 세금을 물리는" 방식으로 설계될 수 있다. (Pizzigati, 2018) 이런 무모한 얘기가 현실 정치나 정책에서 통할 것이냐는 의문이 생길 수 있다. 하지만 2017년 프랑스 대선에서 프랑스 좌파 후보 멜랑숑이 "40만 유로(약 5억 3,000만 원)가 넘는 모든 개인 연소득에 상한을 요구"하는 선거공약을 내걸었던 전례가 있던 것을 보면 아예 정치적으로 허무맹랑한 설계는 아니다. 더욱이 지금처럼 소득 불평등이 역사적으로 유래가 없을 만큼 심각한 상황이라면 말이다.

입시제도 안에는 열쇠가 없다

이렇게 앞뒤를 고민한 후 이제는 국민의 관심과 분노가 집중된 교육제도 자체에 대한 개혁 방안을 제대로 생각해봐야 할 차례다. 조국 임명 논란이 정점으로 치닫던 중 문재인 대통령이 수습책으로 교육개혁을 들고 나오자 유은혜 교육부 장관은 이렇게 반응했다. "학생들이 고등학교 진학 단계부터 대학 진학, 첫 직장에 입직하는 경로 전체 중, 소수 특권 계층에 유리한 제도가 무엇인지 교육부가 전반적으로 검토하고 있다." 꽤 파격적인 개혁 의지를 보인 것이었다. 하지만 그 이후 대통령은 고작 '정시 확대'를 주문했고 교육개혁은 근본적 대책 없이 다시 미궁에 빠졌다. 한국의 교육개혁 역사는 마치 출구 없이 돌고 도는 뫼비우스의 띠 같다는 생각을 했다.

당시 강도 높은 개혁을 요구하는 분위기가 조성되었을 때 나온, 되새겨볼 만한 주장들을 짚어보자. 우선 김누리 중앙대 교수는 아예 대학입시를 폐지하자고 주장했다.

"우리는 여전히 '대학입시가 없는 나라'를 상상하기 어렵지만, 세상엔 그런 나라가 적지 않다. 독일에는 대학입학시험 자체가 없다. 아비투어Abitur라고 불리는 고등학교 졸업시험만 있을 뿐이다. 아비투어에 합격하면 누구든 원하는 대학, 원하는 학과를 원하는 때에 갈 수 있다. 아비투어는 대학에 가고자 하는 학생이라면 큰 무리 없이 대부분 합격한다. 또한 학생들은 대학과 학과도 자유롭게 바꿀 수 있다. 예컨대 베를린대학에서 심리학을 공부하다가 프랑크푸르트대학에서 철학을 공부하고 싶으면 대학을 옮기면 된다. 이러한 제도는 모든 사람에게 최대한 폭넓은 기회를 제공해야 한다는 사회적 합의에서 나온 것이다."●

● 김누리, 「[세상읽기] 대학입시, 개선이 아니라 폐지가 답이다」, 『한겨레』, 2019.9.22.

한편 김동춘 성공회대 교수는 좀 더 근원적 차원에서 문제를 재정의했다. 그는 문제는 입시제도 언저리에 있는 것이 아니라고 지적했다. 입시는 더 이상 교육이라는 범주의 문제가 아니라 사회적 지위 상속의 문제라는 것이다.

"최선의 입시제도를 찾자는 논의 자체가 핀트가 빗나간 것이거나 핵심을 회피하는 접근이다. 전국의 모든 교육학자가 머리를 맞대고 최선의 안을 만들어도 실패할 수밖에 없다. 입시는 교육(학)적 차원의 문제가 아니라 권력과 부의 획득, 지위의 상속 문제이며 일종의 사회보험이기 때문이다. 입시열병은 재산 다음 중요한, 문화자본이라는 보조 재산을 상속하려는 것이자 일종의 투자다. 자산과 학력을 가진 사람들은 자녀의 일류대학 입학만큼의 투자, 상속의 효과가 확실하게 발휘되는 곳이 없다는 경험적 진실을 신앙처럼 지니고 있고, 나머지 온 국민은 학력이라는 '보험' 없이 자녀를 이 세상에 살아가게 할 수 없다는 불안감에서 입시의 대열에 서게 된다."●

최선의 입시제도를 찾는 것만으로는 원하는 답을 찾을 수 없다는 점에서 조희연 서울시 교육감의 생각도 같았다. 그는 현재의 입시제도는 사회적 불평등에 대한 개혁의 맥락에서, 학교 담을 뛰어넘는 차원에서 고려할 때에만 제대로 해결된다고 지적한다.

● 김동춘, 「[김동춘 칼럼] '입시 문제'에는 답이 없다」, 『한겨레』, 2019.9.24.

"수단과 방법을 가리지 않는 입시 전쟁은 증상이지 원인이 아니다. 좀 더 큰 틀에서 교육개혁을 사회개혁과 연계해 진행하는 관점이 필요하다. 사회적 불평등 개혁, 대학의 서열 체제 개혁, 입시 개혁, 고교 체제 개혁 말이다. 한국은 한국전쟁 이후 모두가 출발선에 평등하게 서 있었으며, 교육을 통해 계층과 지위 상승에 성공한 경험이 있는 사회다. 치열할 수밖에 없다. 한편에선 성장의 역설로 사회·경제적 불평등이 깊어지며, 자산 상속과 함께 교육을 통해 사회·경제적 지위를 자녀세대에게 물려주려는 흐름도 있다. '교육을 통한 비자산적 상속 과정'인 셈이다. 계급적·사회적 불평등의 세대 간 재생산이란 시각에서 교육 불평등 문제에 접근할 필요가 있다. 입시에 대한 기술적 접근으론 안 된다."●

비록 정부가 문제를 입시제도로 다시 좁혀버렸지만, 이런 논의들은 입시 특혜 논란 등의 이슈가 단순히 교육제도의 미세 조정으로 해결될 만한 것이 아니라는 사회적 인식 전환의 확실한 계기가 되었다. **교육이 학교 밖 불평등과 연결된다는 점, 특히 세대 간 지위의 세습 도구로 활용되고 있다는 문제의식이 점점 더 확산되고 있는 것이다.** (교육 외부에 대한 정책대안에 집중하기 위해 여기서는 교육제도 자체에 대한 개혁 논의는 더 이상 다루지 않는다.)

● 김영희, 「조희연 "'비자산적 상속' 통로된 교육… 정의로운 차등 정책 필요」, 『한겨레』, 2019.10.1.

10

인생의 출발선 다시 맞추기_ 청년기초자산

나의 아이들은 나보다 더 나은 삶을 살 수 있을까

지금 한국사회에서 어느 부모에게서 태어났는가, 가 자녀의 인생 절반쯤을 이미 결정하고, 그것이 성장 과정의 모든 교육 단계에 영향을 미친다고 앞에서 지적했다. 그 결과 엘리트 교육 과정을 철저히 밟은 부유한 집안의 자녀들은 높은 수준의 학력과 부모가 제공해주는 사회적, 문화적 자본의 뒷받침을 받아 최고의 직장에 안정적으로 진입할 수 있게 된다고 했다. 반면 80퍼센트 자녀들은 출발선에서부터 불리하게 시작하고 (개인의 능력과 별개로) 교육 환경도 불리할 뿐더러 부모에게 물려받은 사회적 자본과 문화자본도 큰 힘이 되지 못한다. 그 결과 사회에 진입한 후에도 상위 20퍼센트와는 소득과 지위에서 크게 차이가 나는 직업을 얻을 수밖에 없다고 했다. 이렇게 고착된 세습적 특권을 해체하자면, 아마도 적폐청산보다 훨씬 어려울 전쟁 수준의 개혁을 해야 할 것이라고 했다. 출발선을 비슷하게 조정하는 자산의 재분배를 통해서 이 전쟁의 첫 관문을 열어야 한다.

최근 스스로 가장 많이 던지는 질문은 부모의 입장에서, **나의 아이들은 나보다 더 나은 삶을 살 수 있을까**, 하는 질문이다. 과거에는 대답이 너무나 분명했다. 현재 세대가 이전 세대보다 더 나은 삶을 기대하는 것은 당연했고, 또한 자연스럽게 다음 세대는 자신들보다 더 풍요롭고 더 많은 기회를 누리면서 살게 될 것이라는 희망을 가졌다. 누구도 여기에 대해 의심하지 않았다. 그런데 21세기 들어 이 확고한 신념의 토대가 허물어지고 있다는 사실을 우리는 뒤늦게 깨닫는 중이다. 앞에서 언급한 버니 샌더스의 연설을 듣고 이것이 세계적 문제라는 것도 실감했다. 불평등의 세대 간 확산은 이렇게 대부분의 부모들에게 자녀들의 미래를 어둡게 전망하게 하는 결정적인 요인이다.

성인이 된 모든 청년들에게 각자의 부모가 아니라 사회가 최소한의 사회 출발을 위한 경제적 지원을 해주는 **청년기초자산제도**는 여러 가지 이름으로 시도되고 있지만, 모두 불평등의 세대 간 확산 고리를 끊자는 데 일차적 목표를 두고 있다. '불평등의 세습화'라는 근본적 문제에 대처하려는 시도들인 것이다.

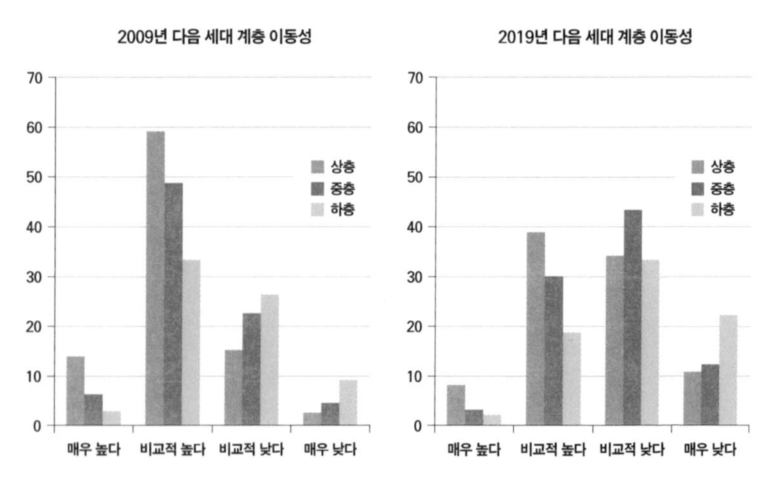

계층 이동성에 대한 여론조사 결과. 10년 사이에 인식이 크게 변했다. 출처: 통계청

전체 사회의 자산을 세대 간 이전하기

청년기초자산으로 어떻게 불평등의 대물림을 끝낼 수 있다는 것인가? 원리는 이렇다. 자산 불평등은 소득 불평등보다 훨씬 더 심하고, 특히 상위 10퍼센트 기성세대에 집중되어 있으므로 이들로부터 상속세와 부유세(또는 종합부동산세)를 걷어서, 성인이 되는 모든 청년들에게 사회 출발을 위한 기초자금으로 동일하게 분배해주자는 것이다. 그렇게 되면 청년들은 각자 부모의 경제력과는 상관없이, 대학 등록금이나 주거비 걱정을 덜고, 대학을 진학하지 않는 경우에는 부모 도움 없이 창업을 시도할 수 있는 재원을 갖게 된다는 것이다. 경제력이 없는 부모 입장에서는 자녀 뒷바라지 부담에서 벗어나 자녀들의 미래를 좀 더 희망적으로 내다보면서 살아갈 수 있게 될 것이다. 이 정도가 한국사회 구성원 모두가 받아들일 수 있는 최소한의 공정 아닐까?

사회 전체적으로는, 저출산·고령화로 인해서 많은 자산이 기성세대 안에 고여 있는 상황에서, 국가가 이 자산을 조세라는 수단을 통해 끄집어내서, 경제활동이 가장 활발한 청년세대에게 적극적으로 이전해준다는 취지다. 특히 80퍼센트 청년들이 니트족이 되는 길로 빠지지 않고 적극적으로 사회활동을 시도해보도록 도와준다는 것이다. 이런 차원에서 본다면, 청년기초자산은 비록 '청년'이라는 용어가 붙어있긴 하지만 사실상 청년정책에 머물지 않는다. 이는 자녀를 둔 부모들을 지원하는 정책이기도 하고, **전체 사회의 자산을 세대 간 이전**

시켜 경제활동을 역동적으로 촉진하는 재분배 정책이자 경제정책이기도 하다. 한마디로 모두를 위한 상속Inheritance for all이다.

청년기초자산에는 다양한 범위의 청년정책을 포괄하는 효과도 있다. 대학 등록금 등 학비나 학자금 대출 상환금으로 사용될 경우에는 '대학 등록금 무상 정책'이자 '학자금 부채 청산 정책'의 기능을 한다. 부모의 집에서 나와 독립적으로 생활하는 청년들에게는 수년간의 임대 보증금과 임대료로 사용될 수 있을 것이고, 이때는 '청년 주거 지원 정책'이나 '임대료 지원 정책' 기능을 할 것이다. 어떤 청년들은 창업을 할 씨앗 자본으로 사용할 것이고, 이때 기초자산은 '창업 지원 정책'으로 기능할 것이다. 이처럼 청년기초자산은 청년들이 자신의 인생을 다양하게 선택하기 위해 활용하는 다용도 정책으로 기능할 수 있다.

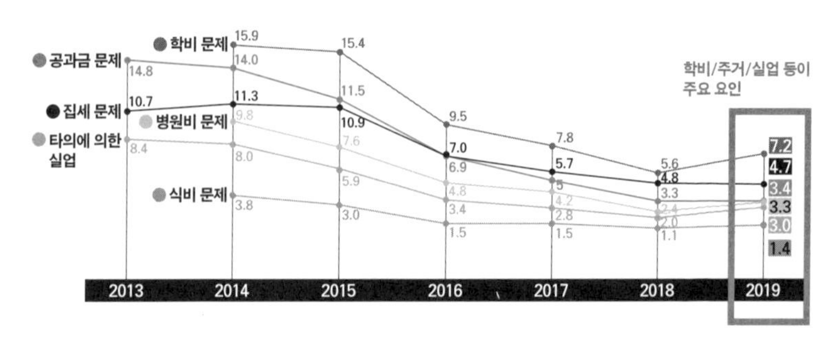

출처: 한국행정연구원, 2020

청년기초자산의 효과는 또 있다. 자산을 받기 전의 청소년들에게 미칠 일종의 전방前方 효과가 있고, 청년들의 미래에 미칠 후방後方효과도 기대할 수 있다. 먼저 전방효과부터 살펴보자.

미국 법학자 브루스 애커먼Bruce Ackerman과 앤 앨스톳Ann Alstott은 청년기초자산(그들은 '사회적 지분 급여'라고 부른다) 제공이 어떻게 간접적으로 교육개혁 효과를 내는지 잘 요약한다. 그들은 이 제도가 다음 세대에게 보장해줄 '희망'의 역할에 주목한다. 만약 이 제도가 안정적으로 실시되면, 비록 가난한 집안에서 태어난 아이라도 "어른이 되면 상당한 몫의 기초자산을 받게 될 것이라는 사실을 들으며 자랄 것"인데 이들에게는 "기초자산이 미래의 희망의 상징으로 기능할 것"이다. 특히 저소득층 아이들이라도 기초자산을 받을 나이가 가까워짐에 따라, 미래를 비관하거나 비행 행동을 하기보다는 희망을 가지고 진지하게 행동할 것이고, 이것이 중고등학교의 교실 분위기 개선에도 도움이 될 것이라고 예상할 수 있다. 그 결과 "기초자산이 직접적으로 교육을 겨냥한 조치가 아니라도, 교육에 영향을 미치는 불평등의 일부를 완화하는 데 도움이 될 것"이라고 분석한다. **기초자산이 교육 평등을 향한 보다 광범위한 진전의 촉매제 역할을 할 수도 있다는 것이다.**

더 나아가, 지금처럼 기를 쓰고 치열한 경쟁을 할 필요는 예전보다는 줄 것이다. 누구에게나 20대에는 기초자산이 기다리고 있을 것이기 때문이다. 가난한 집안의 부모도 자녀들의 미래에 대한 부담에서 벗어나서 일상생활에 임할 것이다. 이 모든 것이 교육 환경 개선으로 연결되고, 이렇게 여유와 틈이 생기면, 교육개혁 자체도 좀 더 우호적 환경에서 진행될 개연성이 있다. 이런 효과는 일종의 사고실험에 의해 제안된 것이라서 실제 제도가 현실에서 어떻게 작동할지는 장담할 수 없다 하더라도 충분히 예상 가능한 시나리오임에는 틀림없다.

후방효과는 어떨까? 현재의 고용 촉진 정책의 문제점 중의 하나는 자칫 '달리 선택의 여지가 없는 사회적 약자들'을 사실상 '강요된 고용forced hiring'과 '강요된 노동forced labor' 상황에 놓이게 할 수 있다는 것이다. 즉 기술 수준이 가장 낮고 동기부여도 안 된 사람들을 생산성 없는 노동으로 몰아넣을 수 있다는 것이다. 지금 청년들에게 제공하는 공공일자리나 "눈높이 낮춰 가라"며 권하는 일자리에 대한 청년들의 태도가 비슷한 맥락이 아닐까 싶다.(Van Parijs, 2017)

이런 상황에서 청년들에게 기초자산을 줌으로써 사회적으로나 개인적으로나 전망 있는 일과 직업을 만들어보도록 자극할 수 있다. 청년들이 당장 입에 풀칠하기 위해 맞지도 않는 수준 이하의 직업에 매달리는 일을 그만두고, 창조적인 일이나 조금 시간이 걸리는 일도 해볼 수 있기 때문이다.

기본소득과 비슷하게 기초자산의 효용은 결국 '시간'을 확보해주는 것이고, 또한 '위험'을 감수할 수 있게 하는 것이다. 그리고 그것이야말로 "구직을 준비하면서 당장 먹고 살기 위해 아르바이트를 하고, 아르바이트를 하다 보니 구직 준비 시간은 부족하고, 그래서 취업에 실패하고, 다시 단기 아르바이트에 나서고, 공부할 시간은 또 줄어"드는 많은 청년들에게 필요한 것이다.

"이들에게 간절한 것은 시간이다. 잠시라도 노동에서 벗어나 자기를 돌아보고, 자기가 진정 원하는 일을 찾고 또 그 일을 준비할 수 있는 시간 말이다"

오준호, 2017

애커먼과 앨스톳 등의 사회적 지분 급여Social Stakeholding 개념을 보면 "청년에게 인생 설계의 기회를 준다"는 것의 의미를 조금 더 심도 있게 이해할 수 있다. 이들은 2000년대 초반 당시 8만 달러(약 1억 원)를 성인이 된 모든 청년들에게 주자는 정책을 제안했고, 이 정책의 이론적 기반을 넓히기 위해서 사람들의 인생 주기를 아동기, 성인기, 노년기로 나누는 기존의 관례에서 벗어나, 청년기라는 제4의 범주를 설정한 후 이에 대한 독립적인 공공정책이 필요하다고 역설했다. 기존의 "공공정책은 교육과정에 있는 어린이와 사회안전망이 필요한 시니어들만을 대상으로 한다. 그러다 보니 인생의 독자적인 시기로서의 '성인 진입기early adulthood'에 대해서는 응당한 주의를 기울이지 않는다"는 것이 그들의 문제의식이었다. (Ackerman, Alstott, 2000) 즉 "청년기가 별개의 인생 국면으로 인식되지 않기 때문에, 사회정책은 18세의 청년을 두 범주에 어중간하게 배정한다. 즉, 청년들은 '나이가 매우 많은 아동'이거나 '나이가 매우 어린 성인'인 것이다." (Ackerman, 2005)

그들은 한 발 더 나아가 청년기가 중요한 이유를 **미시 자유**micro-freedom와 **거시 자유**macro-freedom 차원에서 정리한다. 그리고 청년들 사이에서 거시 자유의 격차가 커지고 있다는 점을 강조한다. "유복한 청년들은 일상에서의 자유라는 미시 자유뿐만 아니라, 자신의 전반적인 인생을 결정하는 거시 자유을 향유하고 있다. 하지만 요즘 대부분의 청년들은 그렇지 못하다." 그들이 볼 때 최근 대다수 청년들은 "어떠한 재산이나 기술도 없이 노동시장에 진입한다. 그들은 식탁에 무엇을 올리고 집세를 어떻게 낼 것인지를 고민하게 된다. 즉, 인생에 대해 낭만적인 공상을 하는 것이 아니라 당장의 수지타산을 따지는 것이다. 거시 자유는 그들의 능력을 훨씬 뛰어넘는 사치다." 이들은 거시 자유의 중요성을 역설한 후 이를 얻기 위해 필요한 것이 기초자산이라고 일갈한다.

> "우리는 청년들이 의미 있는 자산을 가지지 못하고 새로운 책임들을 떠안은 채로 인생을 시작함으로써, 명백한 곤경에 처하게 되는 상황을 무시하는 커다란 실수를 하고 있지 않은가?"
>
> **Ackerman, 2005**

결국 청년들에게 가족 상속이 해주는 역할의 일부를 사회가 어느 정도 해주어야 하며, 모든 아동들이 무조건적으로 교육을 받는 것처럼, 부모의 지불능력과 무관하게, 청년들은 무조건적인 경제적 지원을 받아야 한다는 것이 그들 주장의 요지다. 그들은 4년간 대학 등록금을 지불하기에 충분한 8만 달러의 기초자산을, 만 21세가 되는 모든 청년들에게 매년 2만 달러씩 4년에 걸쳐서 나눠줄 것을 제안한다. 그들의 제안 중에 또한 흥미로운 대목은 재원 설계다. 처음에는 정부에서 세금으로 재원을 충당하더라도, 나중에는 기초자산을 받은 사람들이 인생 후반기에, 사회로부터 받은 상속을 다시 사회로 되돌려줌으로써 다음 세대에게 물려주자는 것이다. 그렇게 되면 긴 시야로 볼 때 **상속의 사회적 순환**이 이뤄질 것이라는 주장이다. 두 사람의 주장은 아직 실현되지는 못했지만, 이 밖에도 굉장히 상세한 내용들을 담고 있어 지금도 다양하게 참조할 대목이 많다.

기초자산제의 200년 역사

최근 들어 청년기초자산은 각국에서 더 자주, 더 다양한 형태로 정책 테이블 위에 올라오고 있다. 일부에서 이를 두고 '급조된 포퓰리즘적 발상' 아니냐는 시선을 보내기도 하지만 사실 청년기초자산은 오랜 역사가 있으며 불평등 문제가 대두된 시점마다 중요하게 논의된 정책 제안이다.

이 제안의 시원始原이면서 동시에 지금과 비교해도 거의 손색이 없을 정도로 탁월했던 제안은 18세기 말 혁명의 시대를 풍미했던 저술가이자 이론가인 토머스 페인에게서 나왔다. 페인이 1795~1796년 사이에 썼던 짧은 팸플릿 『토지분배의 정의Agrarian Justice』에는 사실상 청년기초자산의 모든 내용이 당시 버전으로 압축되어 있다고 봐도 좋다. 당시는 서구 국가들도 모두 농업국가였으므로 토지가 핵심 자산이었다. 원래 땅이라는 자연자원은 특정인이 생산한 것이 아니므로, 모든 주민이 공동으로 이용하고 공동으로 자연적 상속을 받는 것이 정상이라고 페인은 생각했다.

그런데 어느 순간부터 국민의 절반 이상은 토지를 소유하지 못하는 자산 불평등 현상이 나타났고, 모든 주민들이 자연적 상속을 받아야 함에도 불구하고, 토지를 소유하지 못한 주민들에게는 아무런 권리나 보상이 주어지지 않았다. 그 결과 전에 없던 빈곤과 비참한 현실이 생겼다는 것이 페인의 진단이다. 그래서 그는 "국가 기금을 조성해 토지재산제도를 도입함으로써 자연적 상속권을 상실한 스물한 살 이상의 모든 사람들에게 부분적인 보상으로 15파운드의 금액을 나누어주자"고 제안한다. 당시 15파운드는 연평균 농업 수입의 절반 정도였고 오늘날 기준으로 환산하면 약 1,000만~2,000만 원이다.

그는 청년기초자산의 목표를 "스물한 살이 된 모든 사람들에게 삶을 출발하기 위한 밑천을 지원하는 것"이라고 명확히 했는데, 왜냐하면 "빈곤한 대중이 세습에 의해 빈곤을 물려받으며, 이들이 자력으로 빈곤에서 벗어나기란 거의 불가능"하기 때문이라는 것이었다. (Paine, 1796)

이후 200년의 역사적 간극을 넘어 21세기가 시작될 무렵, 신자유주의의 첨단을 달렸던, 그래서 유독 불평등이 극심했던 영국과 미국에서 청년기초자산제가 아주 구체적인 정책 설계안으로 부활한다. 우선 영국으로 가보자. 영국 노동당 친화적 싱크탱크인 페이비언소사이어티Fabian Society는 2000년에 정책 제안서 「청년을 위한 출발자산A Capital Idea: Start-Up Grants for Young People」을 공개하면서 다음과 같은 문제의식을 제기했다.

"세대를 뛰어넘어 부의 불평등이 더욱 넓고 공고해질 경우 결과적으로 사회통합에 관련된 문제가 발생한다. 어느 부모에게서 태어났다는 이유만으로 우연히 더 많은 기회를 갖는 계층이 늘어나기 때문이다. 어떤 세대의 개인자산은, 적어도 어느 정도는 기업가 정신이나 근검절약, 자기계발, 근면함과 같은 훌륭한 특성의 결과일 수 있지만, 동시에 다음 세대의 성공을 좌우하는 중요한 요인이기도 하다. 부모의 부는 자녀의 교육적 성취와 결부되어 있으며, 상속은 곧 성장 후의 기업 운용 능력을 가르는 중요한 요인이 된다."

이 내용에서 이미 당시에 세대를 넘어 확산되는 불평등을 심각하게 우려하고 있음을 확인할 수 있다. 이어서 "부모가 자식을 돕는 것은 당연하고도 반가운 일이다. 그러나 기존의 불평등 구조에서 많은 수의 아이들이 그러한 조력을 구할 수 없으며, 대부분은 어떠한 도움도 받을 수 없다. 자산이 없는 사람의 비율은 현재 5분의 1에 달하며, 이들이 20~34세에 접어들고 있다. 선택을 통해 삶의 기회를 얻을 수 없는 세대에게 부는 가장 예민하고도 긴급한 문제다." 이 문제에 대한 파이언소사이어티의 해답이 청년기초자산이었다. 그들은 청년기초자산의 필요성을 이렇게 설파한다. "자금이 없으면 사업을 시작할 수도, 집을 구할 수도, 심지어 대학에 갈 수도 없다. 이들의 부모는 그만한 자금을 만들어줄 수 있는 능력이 없다. 빌리는 것조차 쉽지 않다. 은행을 비롯한 금융기관들은 가난한 가족들은 물론, 가난한 지역에 사는 보통 가족에게조차 돈을 빌려주지 않는다." 그래서 부모를 대신해서 정부가 상속세를 걷어서 "만 18세가 된 영국 국민을 대략 65만 명 정도로 추산하고, 각자에게 1만 파운드(약 1,400만 원)"를 주자고 한 것이다.

이 제안은 제안으로 그치지 않고 이후 영국 노동당 정부에 의해서 일정하게 변형된 방식으로 실현되었다. 영국 정부가 2004년부터 실시했다가 보수당 정권이 2010년에 재정적자를 이유로 폐지한 **자녀신탁기금**Child Trust Fund이 바로 그것이다. "국가가 매년 태어나는 아이 70만 명에게 계좌를 열어주는데, 그 비용이 대략 4억 8천만 파운드(약 7,300억 원)였다고 한다. 그 돈은 아이가 18세가 될 때까지 금융회사에 의해 투자되며, 18세 이후에는 교육, 기술 훈련, 주택 구입, 창업 등과 같이 승인된 목적을 위해 인출할 수 있다. 정부가 제공하는 채권의 가치는 유복한 가정의 아동에게 지급되는 400파운드(약 60만 원)에서, 가장 빈곤한 계층의 아동에게는 최고 800파운드(약 120만 원)까지 다양하다." (Skidelsky, 2012)

불평등의 시대에 대한 강력한 처방

최근 들어 청년기초자산은 사회 전체의 자산을 정의롭게 분배하는 방법으로써 더욱 중요하게 제안되고 있다. 불평등 연구에 일생을 바쳤던 영국 학자 앤서니 앳킨슨Anthony Atkinson은 2015년에 낸 『불평등을 넘어Inequality, What Can Be Done?』에서 불평등을 줄이기 위한 유력한 방안의 하나로서 기초자산을 옹호했다. 또한 영국의 공공정책연구소IPPR는 노동당을 위해 오랫동안 준비해온 정책대안 보고서 「번영과 정의Prosperity and Justice」를 2018년에 공개하면서, 부의 불평등을 줄일 하나의 방안으로서 **시민자산펀드**Citizen's Wealth Fund를 개설하고 청년들이 25세가 되었을 때 펀드의 운영 수익금을 배당으로 분배해주자고 제안해 관심을 모았다. 이 방식은 알래스카 석유펀드와 유사한데, 알래스카에서는 기본소득 형식의 시민배당으로 지급하지만 그럴 경우 배당금이 적어 효과가 떨어지므로, 차라리 청년들에게 지급하여 교육비나 주거비, 그리고 창업 자금으로 활용하도록 돕자는 것이 IPPR의 제안이다.

한편 2017년에는 독일 정부가 『노동 4.0Work 4.0』이라는 백서를 공개했는데, 여기에도 기초자산 제안이 담겨 있다. 사회생활을 시작하는 모든 청년들에게 **개인노동계좌**Personal Worker's Account를 만들어주고, "국가가 사회적 배경과 무관하게 모든 청년들에게 1회에 한해 자금을 제공하여 특정 목적으로만 사용할 수 있게 하자"는 취지로 사회적 상속을 제도화할 수 있음을 명시한 것이다.

위에서 소개한 기초자산 제도 아이디어의 내용은 다음과 같다.

“나는 줄곧 세대 간 소득 분배를 이야기했으며, 또한 미래에 가계의 평균 소득이 과거에 기대했던 것보다 더 느리게 증가한다면 세대 간 불평등이 커질 위험이 있다는 점을 얘기했다. 이러한 점을 고려하면 세대 간 불균형을 바로잡는 수단으로서 최저 상속을 활용할 필요를 인식하게 된다.”

Atkinson, 2015

“영국은 시민자산펀드를 출시해야 한다. 시민자산펀드는 모든 국민이 소유하고 모든 국민의 이익을 추구하는 국부펀드이다. 이 기금으로, 사회의 모든 구성원이 국부의 지분을 소유하고, 증가하는 자본 수익에서 이익을 취할 수 있다. (…) 그 펀드의 궁극적인 소유자로서, 그리고 펀드의 목적이 부의 재분배라는 점에서, 대중은 소유권의 금전적 이익을 받아야 한다. 예컨대, 모든 시민에게 연간 배당금을 제공될 수 있다. 현재 알래스카 펀드가 이러한 방식을 행하고 있다. 그러나 불가피하게도, 그러한 보편적 배당의 규모는 비교적 작을 것이다. 그러므로 특히 젊은이들에게, 더 많은 배당금을 지급하는 것이 더 매력적이다. 25세의 젊은이는 자신의 미래에 투자하기를 원한다. 이들은 자신의 교육에 투자하고, 주택 보증금을 치르거나 사업을 시작하길 원할 수도 있다. 지금으로서는 이미 부유한 젊은이들만이 그렇게 할 수 있으며, 보통 부자인 부모를 둔 덕이다. 1,860억 파운드의 시민자산펀드는, 2030년부터 영국에서 태어난 25세 모든 사람에게 1만 달러의 ‘보편적인 최소 유산’을 제공할 수 있을 만큼 충분히 큰 규모이다.”

IPPR, 2018

“개인노동계좌는 직업 생활을 처음으로 시작하는 모든 개인들에게 개설되어 직업 생활 기간 내내 유지된다. 학계의 다양한 제안을 통해 정립된 개념으로써, 2017년 초반에 도입될 예정인 프랑스의 ‘개인활동계좌personal activity account'를 기반으로 한다. (…) 개인노동계좌는 사회정의 실현에 기여할 수 있다. 상속되는 자산은 불평등하게 분배되므로, '사회적 상속 social inheritance'을 도입함으로써 국가가 사회적 배경과 무관하게 모든 청년들에게 1회에 한하여 자금을 제공하여 특정 목적으로만 사용할 수 있게 하자는 여러 경제학자들의 제안에서 비롯되기 때문이다."

독일 노동사회부, 2017

한국에서는 정의당 심상정 의원이 2017년 대선에서 공식적으로는 처음, 사회적 상속을 제안한다. 그는 당시 "세습으로 인한 불평등, 수저론을 과감하게 타파하기 위해 청년사회상속제를 도입하겠다"면서 상속·증여세 세입 예산 약 5조 원을 활용하여 매년 20세가 되는 청년에게 1인당 1,000만 원 가량을 배당하자고 제안했다. 다만 일정 수준 이상 상속·증여자의 배당금은 환수하고, 대신 아동양육시설 퇴소자 자립정착금은 2,000만 원으로 인상하도록 보완했다. 그리고 2020년 총선 때는 청년 1인당 배당금을 3,000만 원으로 상향 조정한 정책안을 내놓았다.

한국 연구자 중에는 정치철학자 김만권 씨가 2018년 『열심히 일하지 않아도 괜찮아!』에서 기본소득과 기초자산제도를 소개하며 당장의 실행 가능성이라는 차원에서 기초자산제도를 선호한다고 밝힌다. 그는 다음과 같이 호소한다.

"더 많은 교육, 더 많은 자본이 더 많은 기회의 불평등을 만들어내는 근본

원인이라면, 소수를 위한 상속을 넘어 인생의 출발점에 선 청년 모두를 위한 상속이 좀 더 근본적인 해결책이라는 게 제 이론적 신념입니다. 더불어 소득의 집중은 경기를 탈 수도 있다고 하지만, 부의 과도한 집중은 어떤 방식으로든 사회제도가 만들어 낸 부정의의 산물이라고 저는 믿습니다. 그렇기에 이 문제는 반드시 교정해야 한다고 믿습니다."

김만권, 2018

록스타급으로 유명해진 불평등 연구자 토마 피케티의 최근 제안은 지금까지 나온 청년기초자산제도 제안 중 가장 강력하다. 그의 2019년 작 『자본과 이데올로기Capital and Ideology』의 핵심 내용 가운데 하나가 기초자산이다. 그는 프랑스에서 누진적 부유세와 상속세로 걷은 국민소득의 5퍼센트를 재원으로 만 25세가 된 청년들에게, 성인 개인 자산 평균인 20만 유로(약 2억 7,000만 원)의 60퍼센트인 12만 유로(약 1억 6,000만 원)를 줄 수 있다고 주장한다. 그리고 이를 **보편자산**Universal Capital Endowment이라고 일컬었다. 이 금액은 저자 스스로가 엄밀하게 계산한 것은 아니고, 일종의 실험적 제안이라고 선을 긋기는 했지만, 이전의 제안에 비해 훨씬 큰 규모라는 점에서 주목을 끌고 있다.

피케티의 계산법을 한국에 적용해보자. 2018년 한국의 국민총소득이 약 1,900조 원이고, 그중 5퍼센트인 약 95조 원을 기초자산 재원으로 사용한다고 치면, 현재 만 20세인 약 60만 명에게 프랑스에서와 유사한 규모인 약 1억 6,000만 원을 지급하는 것이 가능하다. 참고로 가계금융복지조사에 따르면,

가구 평균 순자산(2016년 기준)은 약 3억 원이므로 이것의 50퍼센트(1억 5,000만 원)와 거의 동일한 금액이다.

한국에서 청년기초자산은 왜 필요한가

세계불평등데이터베이스WID의 자료에 따르면 한국의 경우 상위 10퍼센트가 국가 전체 순자산에서 차지하는 비중이 무려 65.7퍼센트다. 반면 하위 50퍼센트 인구의 순자산은 겨우 1.8퍼센트인 지독한 자산 불평등 사회다. 이런 상황에서 상당수 부모들에게는 자녀들에게 물려줄 수 있는 자산이 사실상 없다. 상속해줄 자산이 없을 뿐만 아니라, 자녀들이 성장하는 동안 교육이나 다양한 기회를 만들어줄 수도 없다.

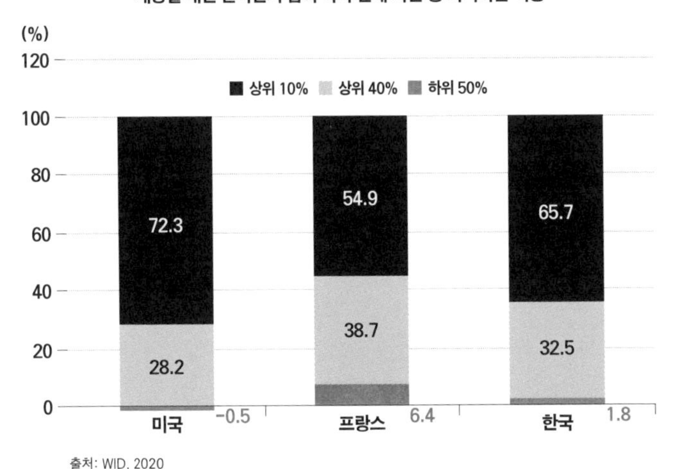

출처: WID, 2020

그러므로 기초자산제도는 세습사회가 심화되는 데 상당한 제동을 걸게 될 것이다. 기초자산의 재원을 책임져야 할 ① **상위 20퍼센트 586**의 자산 증식 속도를 늦추는 효과가 있기 때문이다. 이 정도가 현재 한국사회 구성원 모두가 받아들일 수 있는 최소한의 공정함이 아닐까?

자산의 세대 간 이전을 통해 세습사회의 고리를 끊을 수 있는 청년기초자산의 잠재력을 인정한다고 하더라도 실제로 재원 마련이 가능한지 의문을 품을 수도 있다. 혹은 이보다는 오히려 전 국민을 대상으로 매월 수십만 원씩 지급하는 기본소득제도가 더 현실적인 것이 아니냐고 생각할 수도 있다. 그런데 실제로는 정반대다. 예를 들어보자. 한국에서 전 국민에게 매달 30만 원씩 기본소득을 지급하려면 매년 180조 원이 소요된다. 하지만 20세 인구(2020년 현재 약 60만 명)에게 기초자산을 3,000만 원씩 지급한다고 가정할 때, 약 18조 원이 소요된다. 그리고 이 금액은 시간이 지나면서 청년인구가 감소하기 때문에 점점 줄어든다. 이처럼 기초자산은 현실적으로 볼 때

청년기초자산을 통한 세대 및 계층 간 자산 이전

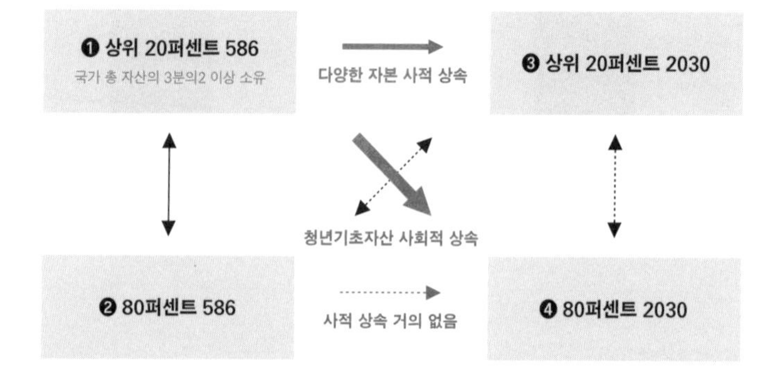

훨씬 적은 비용으로 수혜자들에게는 훨씬 강력한 효과를 발휘하는 특징이 있다.

여기서 잠깐 기초자산과 기본소득의 제도적 유사성을 짚고 넘어가자. 청년기초자산을 **기본재산**basic endowment으로 명명했던 기본소득 이론가 판 파레이스Van Parijs는 "기본소득이 평생에 걸쳐서 경제적 안전성economic security을 제공해주는데 비해서, 기본재산은 성인이 되려는 출발점에서 청년에게 균등한 기회를 제공해준다"는 점에서 차이가 있기는 하지만 대체로 사촌 관계쯤 된다면서 공통점을 이렇게 설명했다.

"둘 다 현금으로, 또는 개인을 단위로 지급되며, 재산 조사나 직업 활동 조사 등을 전제하지 않는다. 게다가 기본재산은 아주 간단하게 기본소득으로 전환될 수 있다. 기본재산을 투자 원금으로 놓고 보험요율표에 맞춰 그에 해당하는 액수의 연금을 수급자가 죽는 날까지 매년 지급하면 정기적인 소득 흐름이 창출되니 말이다. 반대로 만약 기본소득을 담보로 대출을 받을 수 있다면, 이 또한 그에 상응하는 재산으로 전환될 수 있다."

Van Parijs, 2017

나는 스튜어트 화이트Stuart White의 주장에 기초하여 이 두 해법을 **시민지분**Citizen Endowment, Citizen Stake의 일종으로 이해한다. 시민지분은 시민이라면 누구나 갖는 권리right로, 조건 없이 모두에게 지급하며, 사용처도 제한하지 않는다. 그 철학적 근거는 두 갈래인데 우선 자유 기반 주장freedom based argument에 따르면, 시민지분은 원하는 것을 할 자유, 의존하지 않을 자유, 창조적으로 만들어갈 자유를 위해 필요하다. 반면 자격 기반 주장entitlement based argument에 따르면 이는, 외적 상속 자산inherited external assets을 동일하게 받을 권리에 의한 것이며 내적 상속 자산inherited internal assets을 일부 고려한 것이기도 하다.•

두 가지 해법은 모두 불평등을 완화시키고자 하는 정책 대안으로 나왔으며, 철학적, 윤리적으로는 **자유Freedom**를 중시한다는 특징도 공유한다. 판 파레이스는 기본소득이 "모두를 위한 실질적 자유Real Freedom fo All"를 위한 것이라고 명시했고, 기초자산을 총체적으로 집대성한 애커먼과 앨스톳이 그 원리를 "모두를 위한 공정한 출발Fair Start for All"로 정리한 것만 봐도 이는 명백하다. 개인들 각자의 개성과 판단, 의지가 점점 더 존중되는 현대사회에서, 평등을 추구한다고 하더라도 "국가에 의한 강제적 평균화"라는 방식이 아닌, **개인들이 자유롭게 살고 판단하고 계획하도록 촉진해주는 방식으로 평등에 달성하려는 방향성이 반영된 정책인 것이다.**

하나 더 덧붙이자면, 기초자산과 기본소득 모두 '시장 기제'가 어느 정도 잘 작동한다는 조건을 전제하고 있다. 기초자산이나 기본소득 모두 시장에서의 재화 구입을 전제하고 있고, 시장을 통한 시민들의 인생 설계를 기대하고 있기 때문이다. 무엇보다도 지급 방식이 현금이라는 점, 즉 기본적으로 시

• 여기서 '외적 상속 자산'이란 토지나 금융자산처럼 자연에서 주어지거나 윗세대가 축적한 자산이며, '내적 상속 자산'은 재능이나 기술, 개성처럼 사람들 안에 체화된 자산이다.

장의 가능성을 신뢰하는 '화폐'라는 점이 그 증거다.

물론 시장 기제를 존중한다고 해서 사적 재산권에 대해서도 절대적으로 인정하는 것은 아니다. 토머스 페인의 전통을 물려받은 기초자산과 기본소득은, 토지 등 개인의 능력으로 만든 것이 아닌 이른바 '공유재산'은 별도로 시민 재산으로 취급해야 하며, 사적 재산이 그대로 사적으로 다음 세대에 상속되는 것은 정당화되기 어렵다는 점도 강조한다. 종합하면 기초자산과 기본소득에는 공통적으로 **자유**freedom – **평등주의**egalitarian – **시장**market의 동시 추구라는 맥락이 있다.

한국에서는 어떻게 할 것인가

현재 가장 현실적으로 완성된 한국형 청년기초자산 모델을 살펴보는 것으로 논의를 매듭지어보자. 정의당은 2020년 21대 총선을 앞두고 제1호 공약으로 3,000만 원의 청년기초자산을 제안했다. 왜 3,000만 원이라는 규모를 제안했을까? 공약 설명자료에 따르면 **이는 부모 찬스 여부와 관계없이 모든 청년들이 사회에 처음 진출할 때, 자립적으로 삶의 전망을 열어가기 위해 필요한 출발 자금 수준이다.**

지금 청년들은 대학 등록금이 없어 공부해야 할 시간에 아르바이트를 하고, 그래도 부족해서 학자금 대출을 받아 사회에 나오기도 전에 빚을 진다. 긴 시간의 구직 기간을 버티고, 면접 비용을 마련하기도 힘들다. 서울과 수도권에서는 방한 칸 마련할 돈이 없어서 고시원을 전전하는 청년들도 숱하다. 따라서 기초자산의 규모는 대학 재학 기간의 교육비를 감당할 수 있거나, 주거 임대보증금과 2년 정도의 임대료가 준비되어 있거나, 아니면 학자금 대출로 인한 부채를 상환할 수 있거나, 초기 창업 자금이 될 만한 정도가 적정하다. 이렇게 보면 약 3,000만~5,000만 원이 필요하다는 계산이 나온다. 이는 2019년 중위가구 연소득(4,560만 원)과 비슷한 수준이다.

그러면 재원은 얼마나 소요될까? 정의당 설명 자료에 따르면, 재정 추계는 2021년에는 18조 원, 2030년에는 13조 원, 그리고 2040년에는 9조 원 정도가 소요될 것으로 전망하고 있다. 2021년부터 5년 기준으로 보면 연평균 14조 5,000억 원이 필요한 것이다. 이 재원은 원칙적으로 상속 자산 또는 부동산 관련 조세와 연동해 마련한다. 국민 중 0.3퍼센트인 15만 명이 납부하는 상속증여세 약 8조 5,000억 원(2020년 기준)과 종합부동산세 등 보유세를 강화해 마련할 수 있다는 것이다. 예를 들어, 부동산 실거래가 반영 비율을 80~100퍼센트로 올릴 경우 종합부동산세의 증세 효과는 약 5조~7조 원이 되고, 재산세는 4조~8조 원이 된다.

또한 정의당은 기초자산이 한꺼번에 지급되어 자산이 소진될 위험을 피하기 위해 다양한 보완책도 설계해 두었다. 청년마다 청년기초자산 가상계좌를 개설하고 인출권을 부여하는 지급 방식을 도입하고 1년에 최대 1,000만원씩 3년에 걸쳐 분산 인출하도록 하겠다는 것이다. 이처럼 일시 인출로 인해 소진이 되지 않는다는 점을 감안하면 정책 시행 첫해에 곧바로 18조 원의 현금 지급이 일어나는 것은 아니다.

한편 이렇게 지급받는 기초자산을 청년들은 아무런 제약 없이 본인의 재량에 따라 사용하면 될까? 원칙적으로는 청년들이 어떤 용도로 쓰든지 그것은 각자의 재량에 맡기는 것이 타당하다고 전제하면서도, 사회적 합의 수준을 감안하여 몇몇 주요 영역 내에서 사용하도록 단서를 달 수도 있다. 예를 들면 (1) **학자금**, (2) **취업준비금**, (3) **주거비용**, (4) **창업비용** 등이다. 물론 청년기초자산은 외부 기관이나 특정인이 담보로 잡거나 차압하지 못하게 한다. 그리고 만약 청년기초자산을 대학 등록금, 기술 훈련비, 창업 자금 등으로 사용하는 것을 가정한다면, 원칙적으로는 이들과 연관된 기존 청년 지원 사업은 장기적으로 축소·폐지한다. 예를 들어 청년수당, 창업 지원, 장학금 지원이나 학자금 대출, 청년두배통장 등이 그 대상이다. 다만 기초자산이 특정 연령 청년에게 순차적으로 지급된다는 것을 감안하여, 급격히 폐지하지 않고 일몰 방식으로 단계적으로 폐지되도록 한다. 이 정도가 한국사회 여건을 감안하여 정의당이 설계한 한국형 기초자산 정책이다.

정의당의 청년기초자산제도 (3,000만 원) 설계안 중 연도별 대상 인구와 필요 자산

	2021	2023	2025	2027	2029	2030
만 20세 인구(명)	598,949	479,213	440,290	449,422	442,747	435,605
기초자산(20세)(조원)	18.0	14.4	13.2	13.5	13.3	13.1
	2031	2033	2035	2037	2039	2040
만 20세 인구(명)	471,168	454,152	434,408	375,864	316,597	300,605
기초자산(20세)(조원)	14.1	13.6	13.0	11.3	9.5	9.0

출처: 정의당 공약 설명자료

11

노동시장의 격차 한계 정하기_ 최저임금과 최고임금

최고임금 "그만하면 충분하다"

1929년에 시작된 대공황이 10년 넘게 미국사회와 서구 경제를 황폐화시킨 가운데 결국 제2차 세계대전이 터지면서 전비 조달 문제가 미국에서 핵심 이슈로 떠올랐다. 진주만 공습이 발생하고 몇 달 뒤에 미국 대통령 루스벨트는 소득세 개혁안과 관련하여 의회에 중요한 제안을 한다. 당시 연소득이 2만 5,000달러(지금 기준으로 환산하면 약 4억 3,000만 원) 이상인 사람들에게는 그 금액 이상의 소득에 대해서 100퍼센트 과세를 하자는 내용이었다. 말하자면 각 개인이 집으로 가져갈 수 있는 돈은 2만 5,000달러를 넘을 수 없다는 이야기다. 예를 들어, 연봉이 3만 달러일 경우 5,000달러가 세금으로 환수되고, 연봉이 30만 달러면 27만 5,000달러, 연봉 300만 달러 중에는 297만 5,000달러, 연봉 3,000만 달러 중 2,997만 5,000달러를 세금으로 내야 한다는 이야기다. 2만 5,000달러가 개인이 받을 수 있는 최고임금인 셈이다.

제안 결과는 어떻게 되었을까? 의회는 루스벨트의 제안은 거부했지만, 대신 소득세 최고세율을 무려 94퍼센트까지 끌어올리는 개정안을 통과시켰다. 그리고 이 제도는 1960년대까지 거의 비슷한 수준으로 이어졌고 1970년대에도 최고세율은 70퍼센트 이상을 유지했다. 부자에게 매기는 세율이 드라마틱하게 추락하여 35퍼센트까지 내려간 것은 1980년대 레이건 시대 이후다.

시공간을 뛰어넘어 2013년 가을 스위스로 가보자. 그 당시 스위스에서는 세계의 이목을 끄는 국민투표가 진행됐다. 안건은 기업의 임원 급여 한도를 직원 최저임금의 12배로 정하자는 것이었다. 스위스의 좌파 정당인 젊은사회민주주의JUSO가 제안한 것으로 당시 10만 명 이상의 동의 서명을 받아 국민투표에 회부되었다. "최고임금 캠페인은 금세 환경운동가와 노동조합의 지원을 등에 업고 분노와 유머의 재미있는 결합 형태로 곳곳에서 펼쳐졌다. 널리 유포된 소득 상한 캠페인 포스터 중 하나에는, 햄버거를 열두개 쌓아놓은 더미 옆에 햄버거 한 개가 놓여 있는 이미지와 '12배 많은 급여, 그만하면 충분하다'라는 제목이 있었다." (Pizzigati, 2018)

그래서 결과가 어떻게 되었냐고? 국민투표 사전 여론조사에서는 찬성률이 44퍼센트로 높게 나왔지만 기업들이 엄청난 광고를 해대며 역공을 편 결과 34퍼센트 정도의 찬성을 얻는 데 그쳤다. 하지만 이 사건은 전 세계적으로 기업 임원들이

주요 국가의 100년 동안의 소득세 최고세율 변화

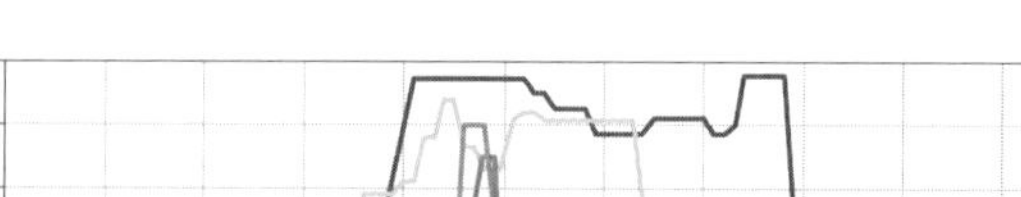

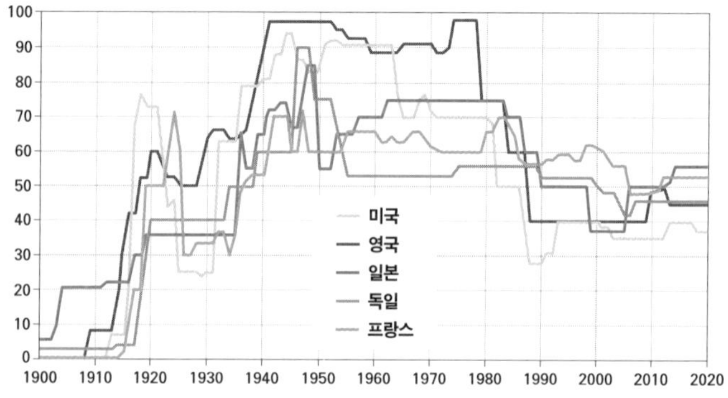

출처: Piketty, 2020

직원보다 수백 배 높은 연봉과 보너스는 물론, 퇴직금까지 챙기는 관행에 대해 '최고임금'이라는 아이디어로 대처할 수 있다는 영감을 일깨우는 계기가 됐다.

20대가 창업할 수 없는 이유

앞에서 기초자산으로 청년들의 출발선 최저점을 어느 정도 맞춰놓고 사회에 진출하도록 돕자고 했다. 하지만 노동시장에서 어떤 위치를 차지하느냐에 따라 엄청난 소득과 지위의 격차가 발생한다면 시간이 지나면서 불평등은 다시 심화될 것이다. 지금 상황이 그렇다. 중소기업에 취직하는지 대기업에 취직하는지에 따라 인생이 완전히 달라질 수 있다. 정규직으로 사회의 첫발을 내딛는가 아니면 비정규직으로 시작하는가에 따라서도 전혀 다른 미래가 기다리고 있다. 기왕이면 대기업 정규직이나 공무원 신분으로 사회에 진입할 수 있다면 최고일 것이다. 아예 취직 걱정 없이 부모로부터 물려받은 자산으로 '건물주'가 되면 아주 다른 세상을 상상하면서 살지도 모른다.

많은 기성세대들은 청년들을 비판한다. 청년들이 위험을 무릅쓰면서 도전하지 않는다고. 정말 그런가? 2019년 현재 벤처 자금 투입은 역사상 처음으로 4조 원을 돌파했고, 벤처기업 수는 4만 개에 이르며, 벤처기업에 종사하는 인원이 70만 명을 넘는 등 숫자로만 보면 이른바 '제2의 벤처 붐'이라고 할 만큼 벤처의 전성기다. 그런데 이 숫자들이 숨기고 있는 것이 있다. 대부분의 벤처기업은 20대가 아니라 30~40대가 창업하고 있다. 20대 청년이 하는 것이 아니다. 20대 청년과 저소득층은 '생계형 자영업'을 하고 있다고 봐야 한다. 창업도 부모 찬스 여부에 따라 같은 창업이 아닌 것이다. **사실 도전은, 실패했을 때 뒷받침해줄 수 있는 경제적 안전망이 있을 때에야 가능한 것이다.** 따라서 부모 찬스가 있으면 충분한 준비와 자본금을 기반으로 혁신적인 창업을 모험적으로 시도할 만하지만, 그럴 여유도 시간도 부족한 청년들은 취업을 못해서 어쩔 수 없이 차선으로 자영업을 선택하는 경우가 많다. 그러나 통계 숫자는 그것도 '창업'이라고 말한다.

또한 기성세대들은 말한다. 청년들이 공무원 시험에 목매는 나라는 미래도 희망도 없다고. 맞는 말이다. 현대경제연구원이 2017년 4월에 낸 「공시의 경제적 영향 분석과 시사점」 보고서는 "공무원 시험의 응시자 수는 사상 최대 수준으로 확

**청년 비경제활동인구 중 공무원 시험 준비생 비중(좌)과
국가공무원 9급 시험 응시자 수와 경쟁률(우)**

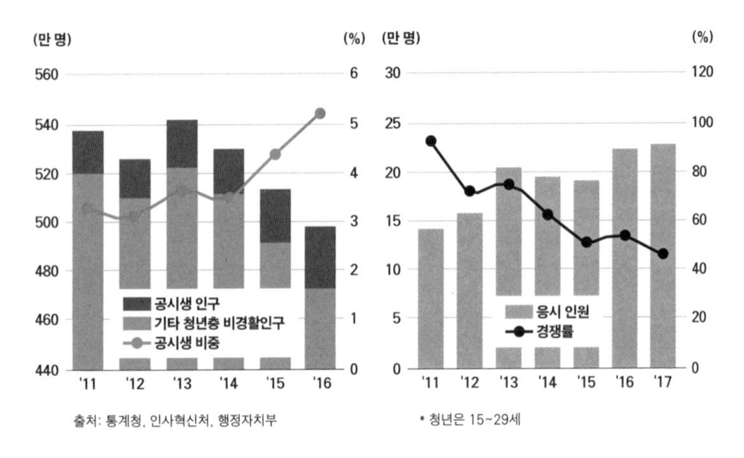

출처: 통계청, 인사혁신처, 행정자치부

* 청년은 15~29세

대되는 모습. 국가공무원 9급 응시자 수는 2011년 약 14만 3,000명에서 2017년 약 22만 8,000명으로, 7급 응시자 수는 같은 기간 약 5만 7,000명에서 약 6만 7,000명으로 급증"했다고 분석했다. 당연히 그럴 만한 이유가 있다. 시장의 임금과 소득의 격차가 지금처럼 구조적으로 심한 상황이라면 청년들 개인의 입장에서는 공무원을 지망하는 것이 최선의 선택 아닐까?

아래를 올리지 못한다면, 위를 깎는 방식으로

결국 노동시장에서 극단적 임금 격차를 줄이지 않고는 해결될 수 없는 문제다. 중소기업에 취직한 청년의 임금도 대기업의 절반 정도가 아니라 일본에서처럼 70~80퍼센트까지는 되어야 한다. 한국도 1990년대 초반까지만 해도 그랬다. 정규직이 아닌 비정규직이라고 해도 질적으로 같은 수준의 일을 하면 임금이 같아야 한다. 아니, 비정규직은 각종 복지로부터 배제되는 경향이 있으므로 임금만은 오히려 정규직보다 많아야 공평하다. 이런 이유 때문에 2012년에 더불어민주당은 비정규직 임금을 정규직의 120~130퍼센트로 높이자는 정책안을 내놓기도 했다. 그래야 청년들이 사회에 진출해서 취업할 공간이나 여지도 넓어지고, 무엇을 선택하든 격차가 그리 심하지 않게 될 수 있다.

격차를 어떻게 줄이냐고? 원리는 간단하다. 시장 참여자들의 소득분포 중 아랫부분은 좀 더 올리고, 너무 위로 치솟은 부분은 아래로 내려서 개인 간 능력이나 특성에 따른 격차가 너무 커지지 않게 제한하는 것이다. 아래를 올리는 것이 최저임금제도라면 위를 깎아 내리는 것이 최고임금제도이다. 2017년 문재인 정부가 들어선 후에는 주로 최저임금을 두 자릿수 인상률로 올리는 정책을 추진하면서 이 간격을 줄여보고자 했다. 그리고 부분적으로 비정규직의 정규직화를 통해서도 이를 줄여보고자 했던 것 같다. 그러나 2017~2018년 소득주도성장이라는 명목하에 두 차례에 걸쳐 두 자릿수 인상률을 적용한 최저임금 인상은, 제대로 그 효과가 검증되기도 전에 어마어마한 논쟁에 시달렸고 결국 2020년에는 인상률이 2.9퍼센트로 떨어졌다. 최저임금은 8,590원이 되는 데 그쳐, 문재인 정부 임기 안에 이를 1만 원으로 올리겠다는 공약의 실현 가능성도 저만치 멀어져 버렸다. 반대자들은 최저임금 인상이 구매력을 올려 성장에 기여하기보다, 임금비용 부담을 키워 일자리를 줄였다는, 앨버트 허시먼Albert Hirschman이 지적한 보수의 세 가지 명제 중 첫째인 '역효과 명제'를 잘도 가져다 붙였고 정부는 이를 효과적으로 반박하는데 실패한 것이다. 심지어 반대 주장을 한 보수 세력이 제대로 된 실증 증거를 내놓지 못했는 데도 말이다.

이제 다시 최저임금을 올려 격차를 줄이자는 얘기를 할 만한 정치·사회적 에너지 자체가 상당히 소진된 상황에서, **반대로 최고임금을 내리자는 제안을 해보는 것은 어떤가?** 그것도 최저임금과 연동해서 최저임금의 12배, 또는 30배 수준 이내로 최고임금을 묶어두자는 제안은 어떤가? 그렇게 하면 임금 소득이 높은 부자들도 소득을 자신의 호주머니로 많이 가져가려면, 먼저 최저임금을 올리자고 주장해야 할 것 아닌가? 1930년대에 루스벨트가 제안한 방식이든, 아니면 2013년 스위스 국민투표에서 안건에 붙였던 방식이든 어느 쪽이라도 좋다.

미국 북서부 연안에서 두 번째로 규모가 큰 도시인 포틀랜드에서는 2014년에 "경영자들에게 과도한 연봉을 주는 회사들의 법인세율을 올리는" 법안을 채택했다. 이 법령에 따르면, 평소 시 당국에 법인세 10만 달러(약 1억 2,000만 원)를 내던 회사의 경우 2018년부터는 경영자의 급여가 중간 직원 급여의 100배를 넘어가면 법인세가 11만 달러로 오르고, 250배를 넘기면 법인세도 12만 5,000달러로 오른다는 것이다. 세계적 소프트웨어 회사 오라클, 하니웰, 제너럴일렉트릭을 포함하여 500개 이상의 기업이 여기에 해당될 것으로 예상됐다. (Pizzigati, 2018)

한국의 임금 격차, 줄여야 한다

그러면 한국의 경우, 도대체 임금 소득의 격차가 얼마나 심할까? 지난 2020년 1월 정의당이 발표한 공약 참고자료를 보면, 대략의 윤곽을 알 수 있다. 우선 매출 순위 50대 대기업을 뽑아서 분석해본 결과, 등기임원의 평균 연봉은 13억 2,000만 원이었다. 무려 최저임금의 70배에 해당하는 금액이다. 이 중 주요 그룹의 핵심 계열사인 현대자동차는 158배, GS칼텍스는 138배, LG전자는 121배, SK하이닉스는 94배로 격차가 매우 컸고, 국책은행인 기업은행은 18배, 산업은행은 17배였으며, 공기업인 한국전력은 9배, 한국가스공사는 9배, LH는 9배였다. 한국의 임금 소득 격차도 도저히 양해가 불가능한 수준까지 벌어졌음을 확인할 수 있다.

구체적으로 개개인의 임금 소득을 살펴보자. CJ그룹 손경식 대표이사 회장이 받는 약 88억 7,000만 원의 연봉이 최고로, 이는 최저임금의 무려 469배였다. 다음으로 삼성전자 권오현 회장 연봉이 약 70억 3,000만 원으로 372배였고 그 뒤를 이은 CJ그룹 이재현 회장 연봉은 64억 9,000만 원으로 344배였다. 한편 200배 이상을 받는 기업 임원도 11명이었는데 그 중 삼성전자 임원이 4명으로 가장 많았다. 한국이야말로 미국 못지않게 자산 소득뿐 아니라 임금 소득 격차 수준이 최

2018년 기준 매출 순위 10대 기업의 임원 평균 연소득과 최저임금과의 격차

순위	그룹	회사명	등기임원			미등기임원		
			인원	평균(백만원)	최저임금 차이(배수)	인원	평균(백만원)	최저임금 차이(배수)
1	삼성	삼성전자(주)	5	5,758	305	863	673	36
2	현대차	현대자동차	4	2,990	158	256	389	21
3	포스코	포스코	5	1,029	54	66	511	27
4	LG	LG전자	2	2,293	121	309	445	24
5	공공	한국전력	6	161	9	8	30	2
6	현대차	기아자동차	4	1,456	77	146	290	15
7	한화	한화	4	1,051	56	82	264	14
8	SK	SK하이닉스	3	1,780	94	171	568	30
9	GS	GS칼텍스	3	2,605	138	45	479	25
10	현대차	현대모비스	4	1,798	95	92	485	26

출처: 정의당 보도자료

* 2018년 최저임금 : 7,530×209×12= 18,885,240원

악이라는 것을 확인할 수 있으며, 이는 최저임금이 너무 낮은 데에서도 기인하지만 임금 소득 상한선이 없는 데에서도 비롯됨을 확인할 수 있다.

그럼 이 격차를 줄이는 일을 어디서부터 시작할 것인가? 일반인들은 잘 인식하지 못했겠으나 지방자치단체 차원에서부터 작은 움직임이 시작되고 있다. 부산, 경기, 창원, 전북 등의 지자체에서 공공기관 최고경영자의 보수를 최저임금의 7배 이내로 제한하는 조례를 (중앙정부의 입법 없이) 자율적으로 만들어서 시행하고 있는 것이다. 마치 청년기본조례가 지자체 단위에서 먼저 만들어지고 이 사례들이 압력으로 작용해, 2020년 초에 중앙정부에서도 최종적으로 청년기본법이 통과된 것처럼 아래로부터, 공공기관으로부터 제도를 구축해나가는 것도 가능한 방법이라고 생각한다.

정의당은 2020년 총선 공약 중 하나로 최고임금제를 제안하면서 지자체가 조례로 통과시킨, 공공기관 내 최고임금을 최저임금의 7배로 제한하는 내용뿐 아니라, 국회의원 보수는 5배로 제한, 민간기업 최고임금은 30배로 제한하는 내용도 포함시켰다. 그 근거로서 "아무리 성과와 능력에 따라 임금을 받는 시장경제라 하더라도 수백 배에 달하는 임금 격차는 상식적으로 이해가 가지 않는 수준이며 시장경제의 건전한 발전을 저해할 수 있다. 상식 밖의 임금 불평등이 고착된 사회에서는 국민경제의 균형 있는 성장도 사회통합도 보장할 수 없다"는 점을 명시했다. 아울러 최고임금제가 청년의 사회 진출 이후에 다양한 기회의 창을 넓히는 데 기여할 수 있을 것이라고 기대하고 있다.

물론 최저임금을 올리고 최고임금을 내리는 것만으로, 이미 격차와 차별이 난립한 노동시장을 근본적으로 개혁하기는 쉽지 않을 수 있다. 또 당장 취업자들의 입장에서는 자신으로부터 너무 동떨어져 있는 임원 연봉을 제한하는 것보다 정규직과 비정규직, 대기업과 중소기업 간 격차를 없애는 것이 선결과제라고 주장할 수도 있다. 반면 임금제도 개혁에 앞서 고용불안정성을 타개하고 소득과 일자리의 안정성을 보장하는 대책이 우선이라고 느끼는 사람들도 있을 것이다. 모두 타당한 주장이다. 하지만, 최저임금과 최고임금은 실제로 소득 격차를 줄인다는 현실적 의미와 함께, **개별적인 사람들이 능력이나 소질에 따라 받는 보상의 차이에 일정한 한계가 있어야 한다는 사회적 메시지를 강하게 줄 수 있다는 점에서 중요하다.** 능력과 소질에 따르기만 한다면 격차가 무한히 벌어져도 좋다거나, 자신의 능력이 아닌 부모의 능력과 재력에 의해 격차가 확대되어도 어쩔 수 없다는 지금까지의 고정관념을 깨야 한다. 아울러 이런 영역의 문제는 그냥 시장의 가격 기제에 맡겨둘 수 있는 것이 아니라 사회적 합의와 규범에 의해 조율되어야 함을 일깨워준다는 점에서 중요하다.

12

부의 영구적 순환 메커니즘_토지개혁의 아이디어

불평등은 평화롭게 해소되지 않는다

2008년 글로벌 금융위기가 터진 이후 10년이 넘도록 세상의 거의 모든 정책 담당자들은 '불평등'에 대해서 수많은 분석을 쏟아냈고, 세계 곳곳의 유명한 정치가들은 불평등을 완화하기 위한 정치를 하겠다고 다짐했다. 그 결과 산더미처럼 쏟아진 정책과 제도, 재정 지출 내역들에는 대체로 불평등 완화에 기여하는 것이라는 이름표들이 붙었다. 하지만 지금까지의 결과는 무엇인가? 최소한 그 추세에 브레이크라도 걸렸나? 세계 불평등 데이터를 모아 관리하는 세계불평등데이터베이스WID 웹사이트에 들어가서 2008년 이후 상위 10퍼센트 소득 비중 변화를 보면, 유감스럽게도 그 추세가 변했다는 증거를 전혀 찾을 수가 없다.

상위 10퍼센트의 소득 비중 변화 추이

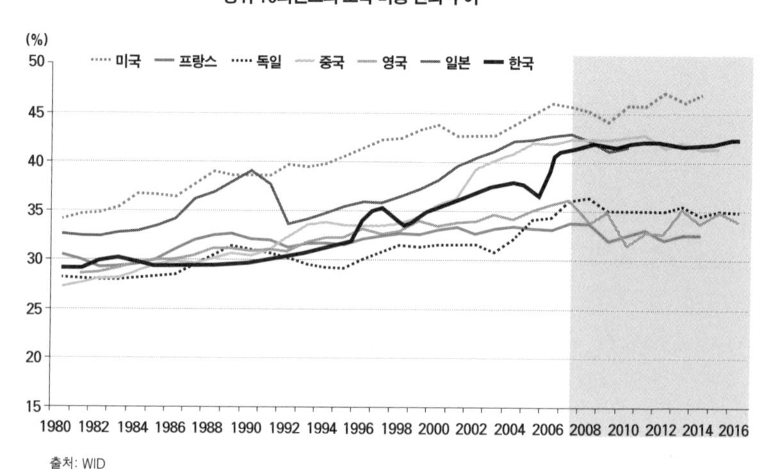

출처: WID

사정이 이렇다면, 그 많은 정책 전문가들이나 정치가들은 도대체 무슨 생각으로 불평등 해소를 말하고 있는 것인지 의문이 들지 않을 수 없다. 내가 보기에 그들이 말하지 않은 것이 하나 있다. 그리고 나에게도 내내 풀리지 않았던 의문이 하나 있었다. 악화되는 불평등 추세를 역전시켜, 역사의 방향을 돌이켜 세우려면 어느 정도의 충격이 필요한지에 관한 문제 말이다. **도대체 어떤 정도의 정책 수단, 어떤 정도의 제도 개혁, 어떤 정도의 복지 재정이 투입되어야 불평등 심화 추세를 꺾고 방향을 전환할 수 있을 것인가?** 그리고 과연 지금 시점의 소득 불평등을 완화하는 것을 넘어 기득권 엘리트 집단의 자원 세습 의도까지 무너뜨릴 수 있을까? 개인적으로 이 질문 앞에서는 늘 답답함을 느꼈다.

이 질문에 대한 아주 직설적이면서 처참한(?) 대답은 역사학자 발터 샤이델Walter Scheidel이 2017년에 쓴 책 『불평등의 역사The Great Leveler』에서 들었다. 그는 인류 역사를 통해 그 답을 도출했는데 우선, 불평등을 완화하겠다면서 쏟아내는 기존 정책들은 실제 역사에서 어떤 식으로 검증되었는지를 잘 살펴보지 않아 "역사 인식 결핍증을 앓고" 있다고 비판한다. 그리고 이런 대책들 같은 "주변적 개혁으로는 오늘날 시장의 소득과 부의 분배 추세에 유의미한 영향을 미칠 가능성이 희박"하다고 아주 확고하게 못 박고 있다.

그의 결론은, 역사적으로 "오직 특정 유형의 폭력만이 줄기차게 불평등을 끌어내렸다"는 것이고, 그중 네 가지 핵심 폭력 기제 요인만이 심화되는 불평등을 무너뜨렸다고 정리한다. 그것은 바로 "대중 동원 전쟁, 변혁적 혁명, 국가 붕괴, 그리고 치명적 대 유행병"이었다.

그런 야만적인 방법 말고는 정말 해답이 없을까? 혹시 우리 눈앞에 닥쳐온 '경제위기'가 기존 경제 시스템을 붕괴시키고 자원의 재분배를 촉발시킬 수 있지 않을까? 샤이델은 그렇지 않다고 단언한다. 그는 "거시경제적 위기가 평준화의 중요한 수단으로 작용하지 않으며, 금융위기는 역효과를 미치는 경향까지 있다"면서, "경제위기는 심각한 충격일 수 있지만, 일반적으로 폭력적 압력 없이는 혼자 힘으로 불평등을 줄이지 못한다"고 결론 맺는다.(Scheidel, 2017) 하나의 예외가 있었는데, 1929년 대공황 이후 미국의 뉴딜 시기였다. 그러나 그는 "대공황은 미국의 경제적 불균형에 강력한 영향을 미친 유일한 거시경제적 위기"였지만 그마저도 미국에 국한되었고, 이어진 제2차 세계대전이 없었다면 불평등이 다시 커졌을지도 모른다는 단서를 달아 확대 해석을 경계한다.

더 암울한 것은 '민주주의' 역시 불평등을 줄이는 역할을 할 수 없다는 그의 결론이다. 그는 "민주주의가 시장이나 가처분 소득 불균형에 미친 일관된 효과가 없다"고 정리하면서, 100여 년 전 미국 대법관 루이스 브랜다이스Louis D. Brandeis가 한 이야기, "우리는 이 나라에서 민주주의를 채택할 수도 있고, 소수의 손에 막대한 부가 집중되게 할 수도 있지만, 둘 다 가질 수는 없다"는 말은 역사에서 틀린 것으로 판명되었다고 탄식한다. 민주주의하에서도 불평등은 잘도 번성할 수 있다는 이야기다. 그러면서 그는 이렇게 전망한다. "전통적인 격렬한 평준화 동력은 현재 휴면기에 들었고, 가까운 미래에 귀환할 가능성은 낮다. 그만큼 강력한 대안적 평등화 기제는 나타나지 않고 있다."

단 하나의 예외, 토지개혁

"우리가 살고 있는 경제사회의 두드러진 결함은 완전고용을 실현하는 데에서 실패하고 있다는 점과, 부와 소득을 제멋대로 불평등하게 분배한다는 점이다." 이는 평생 자본주의에 적대적인 태도를 취한 적이 결코 없었던 케인스가 약 85년 전인 1936년에 『고용, 이자 및 화폐의 일반이론』의 결론 부분에 명시한 대목이다. 이처럼 인류는 자본주의 속에서 살면서도 그 **두드러진 결함**을 명확히 인지해왔다. **그런데 어째서 민주주의 정치와 제도는 — 불평등으로 어려움을 겪는 다수의 시민들을 통해서 — 문제 해결의 제도로 작동하지 않는 것일까?** 심지어는 경제위기가 터져서 그 두드러진 결함이 더 두드러지는데도 왜 그 해결을 위한 역학은 작동하지 않는 걸까?

그런데 이 대목에서 단 하나의 예외가 있다고 생각한다. 인간에 의해 기획된 거대 정책, 바로 **토지개혁**이다. 앞서 언급한 역사학자 발터 샤이델도 "고대에서 현재에 이르기까지 토지개혁은 폭력이나 폭력에 대한 위협과 제휴했을 때에 불평등을 최대한 줄이는 경향"이 있다면서, 폭력(위협)이라는 뒷배경이 있어야 한다는 조건을 붙이기는 했지만, 그 강력한 효과를 인정했다. 그리고 한국사회는 정확히 이 토지개혁을 경험했고, 이에 힘입어 세계에서 유래가 없는 고속 성장을 하지 않았나 생각한다.

그는 제2차 세계대전 이후 2000년대까지를 반경으로 동아시아와 남미, 중동과 유럽 등지의 토지개혁 결과들을 확인해 나가면서, "1900~2010년 중남미 이외 지역에서 감행된 모든 굵직한 토지개혁의 최소 87퍼센트는 세계대전, 탈식민지화, 공산화나 공산주의 선동 위협 직후에 일어났다"고 요약하는데, 그 가운데 유독 한국의 토지개혁에 대해 매우 높은 점수를 주고 있다. 그는 "토지개혁 이전의 한국 농촌 가구의 3퍼센트 미만이 전체 토지의 3분의 2를 소유한 반면, 58퍼센트에게는 아무것도 없었다는 사실"을 적시한 후에, 북한 공산주의 위협과 6.25전쟁으로 인해 한국은 동아시아 국가(일본, 한국, 대만) 중 가장 적극적으로 토지개혁을 했다면서, 이것이 얼마나 한국 자산의 평등화에 기여했는지를 다음과 같이 기록한다.

"전체 토지의 절반이 조금 넘는 땅은 주인이 바뀌었다. 재분배 효과는 지대했다. 지주는 소득의 80퍼센트를 잃은 반면, 농촌 가구의 하위 80퍼센트는 20~30퍼센트를 얻었다. 1956년 가장 부유한 6퍼센트의 지주는 겨우 전체 토지의 18퍼센트만을 갖고 있었고, 소작인 비율은 49퍼센트에서 7퍼센트로 떨어졌다. 1945년 0.72 또는 0.73으로 높았던 토지 소유 지니계수는 0.30대까지 하락했다." "많은 토지를 소유한 엘리트가 완전히 소멸되고, 훗날 교육에 대한 폭넓은 접근 기회로 지속된 고도의 평등한 국가가 탄생했다."

Scheidel, 2017

한국 경제성장 기적의 비결

한 세기도 안 돼 식민지 국가에서 세계 경제 규모 12위 국가로까지 위상이 오른 한국의 사례는 아마 세계 경제사에서도 유래가 없을 듯하다. 성장 속도 자체만 놓고 보면 기적이라고 할 만한 한국 경제의 도약 비법과 동력에 대해 많은 이들이 연구하고 논쟁했다. 어떤 이는 '국가 주도의 산업정책'이 자유방임형에 비해 훨씬 큰 효과를 냈다는 개발국가론을 주창하기도 한다. 또 다른 이는 글로벌 경쟁력을 갖는 소수 대기업을 집중 육성하여 이들이 수출을 주도하게 했던 전략의 유효성을 강조하기도 한다. 반공 국가 한국 경제의 특성상 한일청구권 자금이나 각종 공공차관을 통해 부족한 초기 자본을 동원하는 데 미국이 많은 지원을 한 것이 효과를 냈다는 주장도 있다.

그렇지만 아마도 가장 많이 지명된 근거는 한국 국민들이 엄청난 교육 투자를 통해 우수한 인적자원을 단시일 안에 공급했다는 것이 아닐까? 그런데 이를 확증하기 위해서는 다음과 같은 질문이 필요하다. 대부분의 국민들이 자녀교육에 나름대로 힘닿는 데까지 투자하면 어느 정도 그에 합당한 성과가 날 수 있을까? 사실 성과가 나려면 두 가지 전제가 필요할 것 같다. 첫째는 공교육 체계가 확립되어 교육기관별 격차가 크지 않아야 하며, (아예 별개의 이야기는 아니지만) 둘째로 부모의 재력에 의한 자녀교육 투자 격차에 따라 학력 격차가 과도하게 벌어지면 안 된다. 또한 성과 격차가 다소 나더라도 그것이 사회 진입 격차로까지 확대되지는 말아야 한다.

다수에게 교육 영역에서의 상당한 기회의 평등을 만들어주고, 사회 진입 기회의 평등으로까지 연결시킨 주요한 배경이 해방 후의 토지개혁이 아닐까 싶다. 한국, 일본, 대만을 중심으로 동아시아에서 이뤄진 토지개혁은 제2차 세계대전 후 이들 국가의 자산 불평등을 상당한 수준으로 평등화시키는 효과를 냈고, 이후 국민들에게 '동일선상에서의 삶의 출발'을 어느 정도 보장한 것이 동아시아 성장 기적의 중요한 요인이라는 것이다.

국내에서도 전강수 대구가톨릭대 경제통상학부 교수가 『부동산공화국 경제사』에서 샤이델처럼 "한국의 농지개혁은 지주제 해체와 자작농 체제 성립이라는 측면에서는 매우 성공적"이었다는 평가를 하고 있다. 그는 농지개혁 이전에 불과 35퍼센트 수준이었던 자작농 비중이 농지개혁 이후인 1951년에는 무려 96퍼센트까지 상승했던 것으로 보아, 당시 농지개혁이 대지주들을 포함한 지주 계급 자체를 소멸시켰다고 분석한다. 더욱이 6.25전쟁과, 그 이후에 이어진 인플레이션 등이 겹치면서 지주에 대한 현금 보상의 부담이 갈수록 줄어든 결과, "대지주의 나라를 소농의 나라로 변모시키는 엄청난 개혁의 사회적 비용"이 대폭 절감되었고, 이를 다른 영역에 대한 자본 투자로 돌릴 수 있었음을 강조한다. (전강수, 2019)

이처럼 큰 사회적 비용을 들이지 않고 이뤄진 농지개혁을 통해, 대토지 소유로 인한 자본 투자와 자원 분배 왜곡이 바로잡히고, 대토지 소유자들의 부패와 정치적 결탁 소지가 줄어들었다. 게다가 다수 자작농들이 지대 부담에서 벗어나 자녀들의 교육 투자에 전념할 환경이 조성된 것 같다. 이런 여

건하에서 고속의 경제성장이 가능했던 것으로 보이는데, 실제로 아래 그림을 보면, "1960년 무렵 각 나라의 토지 분배 상태와 그 후의 장기 경제성장률 사이에는 뚜렷한 연관이 존재"한다고 전강수 교수는 지적한다.

1960년 무렵 토지 소유 평등도와 1960~2000년 경제성장의 관계

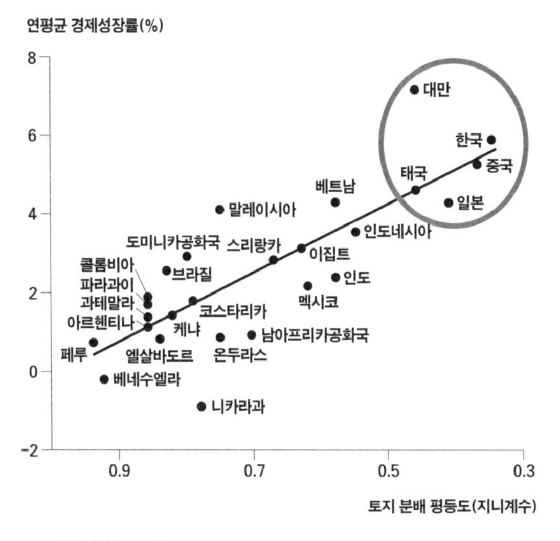

출처: 전강수, 2019

그런데 여기에 문제가 하나 있었다. 성공적이라고 평가할 수 있는 것 이면에서, "한국의 농지개혁은 도시 토지와 임야를 개혁 대상에서 제외했고, 토지 소유 불평등의 재현을 방지할 제도적 장치를 충분히 갖추지 못한" 결과, 1970년대 박정희 시대를 거치면서 도시를 중심으로 다시 자산 불평등이 심해지기 시작했다. 그 결과 한국은 "2016년 부동산 불로소득의 규모가 347조 6,000억 원으로 국내총생산GDP의 22.9퍼센트"일 정도로 부동산 불로소득의 나라가 되었으며, '건물주'가 꿈이라는 농담이 진담처럼 회자되는 나라로 역진된 것이다.

요약하면, 토지개혁 후 두 세대가 지나면서 도시의 토지를 중심으로 다시 심화된 자산 불평등은 비생산적인 불로소득 급증과 연결되면서 경제성장 동력을 갉아먹고 있을 뿐 아니라, 흙수저 청년들의 미래도 잠식하고 있다는 것이다. 어떻게 해야 하나? 다양한 처방들이 나올 수 있다. 전강수 교수 자신이 제안한 국토 보유세 신설을 포함하여 더 많은 논의가 필요하다.

영구적 토지개혁, 부의 순환 메커니즘

그런데 이 대목에서 토마 피케티는 매우 대담한 질문을 던진다. 왜 토지개혁은 딱 한 번만 해야 하는가? 왜 금융자산 등 여타 자산은 내버려 둔 채 꼭 토지에 대해서만 해야 하는가? 그에 대한 피케티 자신의 대답은 토지는 물론 금융자산을 포함한 부와 자산을 주기적으로 재분배하는 **부의 영구적 순환** permanent circulation of wealth 메커니즘을 만들어야 한다는 것이다. 피케티에 따르면 불평등 체제inequality regime는 정치 체제political regime 및 재산권 체제property regime와 긴밀한 관계에 있고, 역사적으로 재산권은 국가 소유냐 사적 소유냐 하는 식으로 단순하게 규정할 수 없으며 어떤 재산권 체제에 기반했는지에 따라 불평등의 양상이 달라진다. 그런데 신자유주의로 일컬어지는 최근 자본주의 경제체제는 과도하게 **재산권 지상주의**로 기울었다고 비판하고 불평등을 해소하려면 재산권 개념부터 바꿔야 한다고 주장한다.

그는 한 사람의 생애주기 동안에는 사유재산권을 누릴 수 있도록 보장해줘야 하지만, 그 재산을 다음 세대로까지 상속하면 안 된다고 말한다. 그런 의미에서 피케티가 주장하는 것은 **임시적 소유권**temporary ownership이다. 국가가 누진적인 부유세와 상속세를 통해서 한 사람의 사유재산을 점차적으로 사회로 환원시킨 후, 이를 기초자산(피케티의 용어로는 보편자산) 방식으로 다음 세대에게 사회적 상속하는 순환 체계를 구축하자고 피케티는 제안한다. 이렇게 할 때에만 부와 자산이 누적적으로 불평등하게 축적된 채 세습되는 것을 막을 수 있다는 것이다. (Piketty, 2020)

부의 영구적 순환 메커니즘

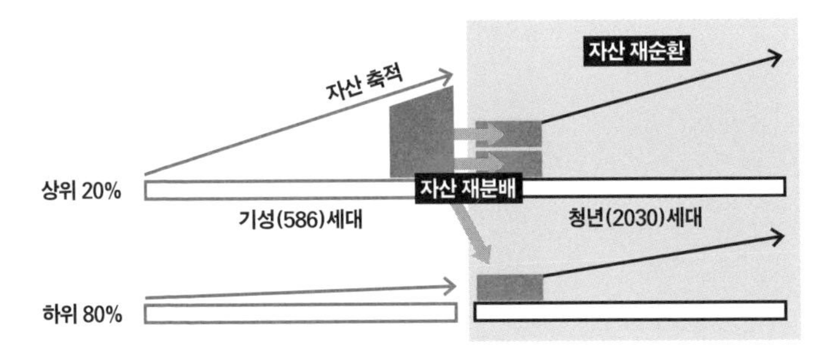

(관점에 따라서는 매우 과격해 보이기도 하는) 그의 해법은 정치적 지형과 정치 체제에서의 상당한 변화 없이, 단순히 조세체계의 개편만으로는 구현하기 어려워 보인다. 국가와 시장, 시민사회 간

새로운 역학 구도 역시 전제되어야 한다. 하지만 그의 아이디어는 어쩌면 불평등을 평화적으로, 제대로 해소하기 위해 선택할 수 있는 유일한 대안은 아닐까? 그는 다음과 같이 덧붙인다.

"우리는 사유재산과 공공재산, 그 두 가지를 조화롭게 다룰 필요가 있다. 누진적 부유세의 기본 생각은 재산권이 영속적이어서는 안 된다는 것이다. 재산에 누진세를 적용한다는 생각은 일정 수준을 넘으면 재산권이 사실상 임시적 권리가 되어야 한다는 의미다." "재산이 일정 수준을 넘으면, 그 재산을 평생 유지하는 일은 사회에 별로 유익하지 못하다는 사실을 당신은 안다. 그러므로 매년 재산의 일부를 환원해야 한다. 어떻게 보면 영구적 토지개혁과 같다. 그것은 일종의 영구적 혁명이다. 하지만 법의 틀 안에서 이뤄진다는 점에서 조용한 혁명인 셈이다."•

• 토마 피케티, 「조용한 혁명이 필요하다」, 『뉴필로소퍼』 7호, 2019.7.

Chapter4

정치
다음 판을 위한 행동

13

—

정치의
사회적 상속을 위해
무엇을 할 것인가

세습사회 청산을 위한 정책 논의의 시작

앞의 3부에서는 청년들에게 부모가 아닌 사회가 경제적 자산을 상속함으로써 세습을 타파하는 정책안을 살펴봤다. 그러나 정책은 정치적 의지 없이 저절로 실행되지 않는다. 게다가 세습사회를 해체하는 정책의 실현은 정치적으로 대단히 무거운 과제다. 최근 이 문제와 관련해 나온 정책 논의 중 많이 회자된 것을 살펴보자.

일부에서는 임금피크제 도입, 연공제 폐지 등을 통해 소득과 일자리, 정치적 지위 등을 세대 간에 재분배하자고 한다. 586세대가 받는 연금의 소득 대체율을 대폭 낮추자고도 한다. 더 나아가 한국사회에서는 개인의 상속을 제한하는 것이 불가능하니 "보유세, 양도 소득세, 증여세, 상속세를 엄격히 집행"하여 "그 일부를 청년세대 주거권 보장을 위해 사용하도록 법제화"하자고 한다. (이철승, 2019) 국가의 힘으로 세대 간 자원을 재분배해보자는 제안이기는 하지만, 시장 메커니즘의 허용 범위에 갇혀 있다는 점에서 근본적인 한계가 있다.

그리고 '세대 간' 자원 재분배라는 접근법을 너무 강조할 경우, 임금피크제를 도입하고 연공제 대신 직무제로 전환해 청년세대에게 돌아갈 자리를 마련한다 해도, 결국 상위 20퍼센트 자녀들이 그 자리를 차지할 확률이 높다는 지적도 나온다. 또한 입시제도를 약간 개선해서는, 겨우 넓어진 기회가 다시 상위 20퍼센트에게 돌아가는 것으로 끝날 수도 있다. 최근 출간된 『세습 중산층 사회』의 경우 정말로 세습사회를 끝내려면 "근본적인 수준의 교육 기회와 능력 배양의 기회"를 전 사회 구성원이 누릴 수 있게 하는 **기회의 평등**equality of opportunity을 달성해야 한다고 지적한다. 이를테면 "영유아기에서부터 공공보육이나 공교육을 강화해야 한다는 주장은 교육을 통한 계층 재생산이 매우 어린 시기부터 이루어짐을 보일 수 있으며, 교육과정이나 교육 재정 구조 개편을 촉발시킬 수 있다"는 것이다. (조귀동, 2020)

이들 정책안이 얼마나 효과를 낼 수 있을지는 좀 더 따져볼 일이다. 이 정도도 사실 만만한 정책과제는 아니다. 하지만 앞에서 논의한 것처럼 나는 한 발 더 나아가지 않으면 안 된다고 생각한다. **대대적인 자산의 세대 간 이전과 함께, 피케티가 제안한 영구적 부의 순환 메커니즘까지 고려하지 않으면 세습사회를 해체하자는 주장은 현실이 되지 않을 것이라고 생각한다.** 물론 정치적으로는 엄청난 도전 과제다.

앞에서 불평등이 전폭적으로 해소된 역사적 계기 중, 거의 유일한 평화적 계기였다고 분석한 1945년 이후 동아시아의 토지개혁은 제2차 세계대전이라는 전쟁의 파장과 '공산주의 압력'이라는 거대한 정치적 힘이 작용한 결과였다. 그 결과 토지 자원을 소유한 지주들이나 이들을 대변하는 정치 권력은 토지개혁을 수용하는 것이 자신들이 장악한 사회의 유지에 불가피하다고 보았던 것이다.

그렇다면 지금 상황은 어떠한가? 세습사회에 대한 시민들의 불만과 그로 인한 정치·경제적 불안정성은 계속 높아지고 있지만 내부에서의 자각 정도는 아직 충분치 않은 것 같다. 특히 지금 경제뿐 아니라 정치적 자원도 독점하고 있는 ① **상**

위 20퍼센트 586은 매우 예외적인 능력주의 시대를 경험한 탓에 능력주의가 더 이상 작동하지 않는 세습사회라는 새로운 현실에 낯설어하고 있다. 스스로는 인지하지 못할망정 이들은 능력주의를 붕괴시킨 당사자이자 자녀들에게 '성 안의 특권'을 물려주기 위해서 발버둥 치면서 세습사회를 재생산하는 이해관계자이기도 하다.

또한 이들은 지금까지 정치 과정에서 매우 반복적으로 불평등을 거론했지만 정작 이 문제를 제대로 정치화해서 정면으로 맞섰던 적은 한 번도 없다고 나는 생각한다. 그리고 유감스럽게도 이런 판단은 (과거식의 잣대로 구분된) 진보와 보수 모두에게 동일하게 적용된다. 그럼에도 불구하고 ① 그룹 안에 있는 이른바 '학생운동과 사회운동을 경험한 586집단'이 세습사회를 해체하기 위해 수행할 수 있는 일말의 역할이 있는지를 찾아보려 한다. 이들이 자신들의 시대적 한계를 극복하면서 위로부터의 개혁의 길을 낼 여지가 있는지 알아보고 싶다는 것이다. 우선 제3자의 훈수로 흐르지 않게 하기 위해 1인칭 관점에서 기성세대인 나의 이야기로부터 시작해보기로 하자.

태어난 시대의 제약을 인정하기

나는 1964년에 태어나 1983년에 이른바 SKY대학에 입학하고 학생운동 경험을 했다. 그리고 사회에 진출하여 통상적인 직장 경험을 쌓고 비영리단체 활동을 했으며 지금은 2020년 현재 정의당 정의정책연구소에서 정책을 설계하는 일을 맡고 있다. 학생운동을 한 탓에 동년배보다 훨씬 늦게 직장 생활을 시작했지만 취업은 어렵지 않게 한 덕분에 자가 소유 집도 있으며, 두 아이들을 교육하는 데 경제적으로 큰 어려움을 겪지 않고 살아왔다. 유사한 경로로 살아온 동 세대 중에 내가 얼마나 평균에 가까운지는 솔직히 잘 모르겠다. 내 주변에는 나보다 훨씬 더 많이 사회에 헌신하며, 약자의 목소리를 대변하면서 살아온 사람들도 많다. 물론 사회에 헌신했던 과거 경험을 경력 삼아 높은 지위에 오른 분들도 적지는 않다. 그중, 나는 그나마 좀 편한 길로 접어든 축이 아닌지 짐작하고 있다.

지금까지 진보의 시야로 세상을 보려고 애써왔고 인식지평을 꾸준히 새롭게 하려고 틈틈이 공부했지만, 그럼에도 불구하고 내가 미처 깨닫지 못한, 너무 명백한 것들이 많다. 예를 들어 오랫동안 한국사회의 젠더 이슈에 대한 나의 인식수준은 보잘 것이 없었다. 심지어 한 지인이 우울증 등 출산 후 경험을 아주 솔직하게 풀어놓은 글을 읽고 다소 충격을 받아 아내에게 물었던 적이 있다. 아이를 낳은 후 유사한 경험을 했냐고. 내가 물어본 이유는 간단했다. 나는 아내가 아이 둘을 낳았을 때 우울증과 스트레스로 힘겨울 것 같다는 생각을 해본 기억이 없기 때문이다. 아내의 답변도 간단했다. 당연히 그런 경험이 있었노라고. 다만 남편인 내가 인지하지도 못했고, 도움도 안 되었을 뿐이라고. 스스로 진보적인 사고와 고민 지향을 가지려고 노력했음에도 불구하고 이런 주제들은 내 상상력 범위 안에 아예 없었던 것 같다. 문자 그대로 무지했던 것 같다.

환경과 기후위기의 심각성에 대한 공부와 고민을 한 것

도 오래되지 않았다. 내 인생 대부분 기간 동안, 인간이 자연을 정복하는 것이 당연하다고, 그것이 의심할 필요도 없는 진리라고 생각하고 살아온 것 같다. 심지어 어떤 측면에서는 그런 생각이야말로 '진보'라고 당당히 착각했던 듯싶다. 환경문제가 사회적으로 전면에 드러나기 시작했을 때에도 꽤 오랫동안 소극적으로만 반응했다. 이 문제를 기술로 풀 수 있다는 환상도 꽤 많았고 환경문제 해결책이 경제성장과 배치되면 안 된다고도 생각했던 것 같다.

한국사회에서 능력주의가 진작 작동을 멈췄고, 그 결과 이 사회가 세습사회로 변화하고 있다는 사실을 제대로 인지하지 못했다는 것도 이미 이야기했다. 결국 하고 싶은 말은 이거다. 살면서 나름대로 진보적인 지향을 유지하려고 애썼지만 주관적 의지와 무관하게, 나는 태어난 시대의 제약을 단 1밀리미터도 뛰어넘을 수 없었다. 단지 그 시대 안에서는 그래도 비교적 조금이나마 앞서 사고하지 않았을까, 하는 정도의 자족을 해볼 뿐이다.

문제는 시대가 너무 달라졌다는 것이다. **특히 1997년 외환위기를 분기점으로, 그 이전과 이후의 한국사회는 너무 달라져서, 학습이나 관찰만으로는 도저히 따라잡을 수 없게 되었다. 그리고 2008년 금융위기 이후에 또 한 번 상황이 더 깊이 변한 것 같다.** 따라서 나를 포함한 기성세대가 청년들이 만들어내는 신조어들을 마치 이해하는 것처럼 사용해왔다고 해서, 그 느낌과 정서를 실제로 공감해왔는지는 미지수다.

한편 나는 내 세대의 다른 분들보다는, 나이가 들어가면서도 청년이슈로부터 그리 멀리 떨어지지 않은 곳에 있었다고 생각했다. 민간 연구소에 몸담으면서 2000년대 후반부터 청년유니온이 준비되고 만들어지는 과정을 옆에서 지켜봤다. 민달팽이유니온의 활동 역시 아주 멀지 않은 거리에서 살펴볼 수 있었다. 2013년에 서울시가 청년 활동 지원 기관인 청년허브(당시에는 청년일자리허브)를 열었을 때에도, 청년허브가 기획한 청년학교 프로그램의 담임 선생 중 한 사람으로 참여하는 인상적인 경험을 했다. 서울시가 2016년에 청년수당 지급을 전격 결정할 때에도 해당 정책 설계와 집행 과정을 거들었다. 그래서 때로는 나와 청년 간 '세대 단절' 정도가 비교적 적을 것이라고 스스로 착각하기도 했다.

하지만 이런 특별한(?) 경험에도 불구하고, 앞에서 말했듯이 나는 내가 태어난 시대의 제약을 뛰어넘을 수 없었다. 청년들의 상황을 좀 더 이해하고 공감하려고 노력은 하지만 기껏해야 좀 더 쉽게 소통할 수 있는 정도가 아닐까 생각한다. 같은 시대를 살아내고 있는 서로 다른 세대들 간 최소한의 소통과 사회 운영 방식 공유 측면에서 말이다. 그 이상이 가능하지 못할 정도로 세상은 무섭게 변화하고 있는 것이 아닐까 생각하는 중이다.

불평등 세습 이슈는 한 번도 정치화된 적이 없다

그러면 이제 나라는 '개인'에서 내가 속한 '집단'으로 범위를 넓혀보자. 앞에서 한국사회는 상위 20퍼센트 성 안 사람들과

80퍼센트 성 밖 사람들로, 그리고 586세대와 2030세대로 대분열되어 있다고 말했다. 하지만 2019년 조국 임명 논란을 겪고 나서야 통상적인 '진보 대 보수'의 프레임으로는 한국사회의 지극히 좁은 일면밖에는 포착할 수 없다는 것을 나는 비로소 체감했다. 상위 20퍼센트 엘리트 기득권 집단이 진보와 보수라는 구시대의 논리로 자기들끼리 갈등하면서, 자녀들을 청년 엘리트들로 만드는 데 주력하는 성 안 세상이 있었다. 반면 구식의 진보-보수 프레임으로부터 아예 멀어진 나머지 80퍼센트(의 기성세대와 청년세대)의 성 밖 세상은 완전히 다르다는 것을 그 이전에는 제대로 인식하지 못했던 것이다.

여기서 제일 먼저 떠오르는 질문이 있다. **왜 몰랐을까?** 아예 모르지는 않았더라도, 적어도 나는, 제대로는 몰랐던 것 같다. '더 이상 개천에서 용이 나지 않는다'는 이야기가 돈 지는 10년도 더 되었고, 금수저 흙수저라는 말이 회자된 지도 꽤 되었다. 엘리트 기득권 집단이 대물림되면서 재생산된다는 사실 자체는 새삼스러울 것이 없다. 하지만 다 아는 사실이었다면, 이번 조국 임명 논란 과정에서 드러난 기득권 카르텔의 존재는 왜 사회에 충격을 준 것일까? 단지 그것이 보수만의 카르텔이 아니라는 점을, '강남좌파'도 그 카르텔에서 예외가 아니라는 점을 공식적으로 확인했기 때문에?

충격의 원인은 다른 데서 찾아야 한다. 상위 20퍼센트 기득권 집단의 대물림을 가장 잘 표현해주는 금수저, 흙수저 논란이 사회적 가십거리를 넘어서 경제정책, 교육정책, 복지정책, 청년정책에서 심각하게 다뤄진 적이 없었다는 점에서 말이다. **이 이슈는 끊임없이 사회적 논란은 되었지만, 한 번도 제**

대로 정치화된 적은 없었던 것 아닌가? 단지 신문 지면에 계속 등장했었기에 나는, 그리고 우리는 이 사실을 잘 알고 있다고 생각했고, 이미 정치적 이슈 테이블에 올라와 있다고 착각했던 것이 아닐까 싶다. 사실은 앞에서 말한 나 개인의 인식론적 한계가, 기성세대 전체에 똑같이 있었던 것은 아닐까? **즉 성 안의 재생산 구조와 현상을 표면적으로 인지해 왔을 뿐, 이를 제대로 이해하고 제대로 맞설 수 있는 경험적, 인식론적 배경이 처음부터 내 세대에게는 부재한 것이 아닐까?** 그 때문에 세습사회의 실상을 진지하게 다룰 수 없었던 것이 아닐까 하는 의문을 품게 된다.

586 진보 세력이 가진 개혁 지평의 한계

문제를 좀 더 구체화하기 위해 2부에서 다뤘던 능력주의와 세습사회로 돌아가보자. 상위 20퍼센트 기득권 카르텔의 성 안 세상과, 그 바깥 80퍼센트의 세상이 분리되어 존재한다는 명백한 사실을 인식하는 것은, 한국사회에 통상적인 소득 불평등이 있다고 인식하는 것과는 완전히 다르다. 분열된 세습사회가 되었다는 것은 불평등이 상당히 안정적으로 다음 세대로 대물림된다는 점, 교육을 통해 계층의 대물림이 강화된다는 점, 기득권 카르텔은 자신의 지위를 지키고 아래로 추락하지 않기 위해서 보유하고 있는 모든 자원(경제적 자원은 물론이고, 권력 자원, 지적 자원, 사회적 자원)을 총동원하고 있다는 것을 의미한다. 그리고 크리스토퍼 헤이즈가 지적했듯이 이 모든 행위들이 **능**

력주의라는 이름으로 정당화되고 있다는 것이다.

그런데 성 안 구성원들 중에는, 진보 개혁적인 사고를 가지고 있는 이들도 있었는데, 이들은 '진보'의 이름으로 세계를 분열시킨 세습사회를 타파하려고 한 것이 아니라 — 각자는 자신과 자녀들이 성 밖으로 추락하지 않도록 모든 자원을 동원하면서 — 이와는 큰 관계가 없는 정치사회 개혁 과제에만 매달려온 것은 아닐까? **많은 경우, 적폐청산이나 소소한 정치제도 개혁, 복지제도 개선은 상위 20퍼센트의 기득권 카르텔을 무너뜨리지 않고도 해낼 수 있는 것들 아니었을까?** 언론인 아난드 기리다라다스Anand Giridharadas는 이런 주장을 했다. "엘리트들이 사회 변화를 이끄는 리더 역할을 맡게 되면, 이들은 사회 변화의 의미 자체를 개조할 수 있으며, 무엇보다 승자를 절대로 위협하지 않는 방법으로 제시할 수 있다."(Giridharadas, 2018) 지금 한국사회 상위 20퍼센트도 그렇게 하고 있는 것 아닌가?

심지어 그는 미국의 오바마 정부를 빗대면서 다음과 같이 덧붙인다. "엘리트들은 스키 휴양지보다는 바리케이트를 연상시키는 언어, 그러니까 '세상을 변화시킨다'거나 '세상을 더 나은 곳으로 만드는'과 같은 표현을 사용하곤 한다. 그러나 이들이 그토록 많은 일을 하면서 돕고 있는 바로 그 순간에도, 미국인의 평균적인 삶은 거의 개선되지 않았고, 군대를 제외한 사실상 모든 국가기관이 대중의 신뢰를 상실했으며, 이들은 계속해서 발전의 과실 대부분을 가져가고 있다는 외면할 수 없는 사실이 우리 앞에 놓여 있다." 한국사회의 개혁 정부라고 하는 문재인 정부와 그 내부의 진보적 엘리트들은 얼마나 다를까?

정말로 금수저 – 흙수저 사회, 성 안과 성 밖의 사회를 무너뜨리고자 했다면 상식적으로는 대규모로 자산의 이동, 기회의 이동, 권력의 이동을 추진했어야 할 것 같다. 자산과 소득, 상속에 대해 대규모 증세를 해야 했고, 권력도 움직였어야 했다. 그러지 않고 금수저 사회가 무너지길 정말 기대했을까? 앞에서 불평등 문제가 실제로는 정치화된 적이 없다고 지적한 이유다.

목표를 적폐청산으로 삼았든, 민주주의 개혁으로 삼았든 상관없이 애초부터 기존 진보 개혁의 문제 인식 틀이나 사고 구조 안에는 기득권 카르텔을 무너뜨릴 수 있는 인식적, 경험적 요소가 없었는지도 모른다. 내 주관이 강하게 들어간 판단이지만, 학생운동을 경험한 586집단도 이러한 한계를 넘기 어려웠던 것 같다. 그것은 나를 포함한 기성세대가 '다음 세대는 내 세대보다 더 나은 삶을 살 것'을 당연히 전제하고 세상을 보았기 때문일지도 모른다. 또한 한국사회에는 여전히 능력주의가 작동한다고 믿었고 교육제도 개혁을 하면 (한계가 있더라도) 어느 정도는 기회의 공정성이 보장될 것이라고 믿었던 것인지 모른다. **성장에 관한, 부의 재분배에 관한, 교육에 관한 기성세대의 판단 착오는 그들의 사고 구조 안에, 그들의 삶의 경험 안에 예정되어 있었는지 모른다.** 그럼에도 불구하고 마치 나와 기성세대는 이미 상황을 모두 파악하고 있고, 처방까지 다 알고 있는 것처럼, 갖가지 훈수와 '~하라'는 요구만 어지럽게 내놓고 있었을 뿐, 진정한 성찰은 없었던 것이 아닐까?

운동권 586집단이 할 수 있는 것과 할 수 없는 것

그런 성찰 없음은 기성세대의 중심축인 586세대를 동일한 하나의 집단으로 상정하고, 일부의 경험을 근거로 집단의 특성을 일반화해, 청년세대와 대립시키는 '세대 갈등 프레임'에서도 찾아볼 수 있다.

이때 갈등의 한 축으로 지목되는 586세대는 많은 경우 그 세대의 극히 일부에 불과한 80년대 운동권 집단으로 치환된다. 그리고 신기하게도 이 대립 구도를 아무도 의심하지 않는다. 이에 대한 반응도 극단적으로 나타난다. 한쪽에서는, 80년대 운동권 집단이 50대가 되면서 권력을 잡더니 "그들의 '저항 네트워크'가 권력을 확장하고 유지하기 위한 철저한 '이익 네트워크'로 전환"되었고, 그 결과 진보 외피를 쓰고 권력을 향유하는 기득권 세력이 되었다고 비판한다. 이에 반대하는 쪽에서는, '이익 네트워크'로 편입된 부류는 극히 소수라면서 다수는 여전히 서민의 편에서 저항의 정신을 잃지 않고 열심히 살고 있노라고 억울함을 호소한다.

그런데 이 지점에서 제대로 질문하고 싶은 대목이 하나 있다. 현재 한국의 정치, 경제, 사회적 자원의 분배 권한을 행사하는 진정한 지배 권력 집단은 누구인가? 일부 80년대 운동권 집단이 50~60대가 되어 집권당과 정부 실세를 이루고 있다고 해서 지금 한국 지배층의 주류가 80년대 운동권 출신이라고 말할 수 있는가? 정치적 주체와 책임 소재를 명확히 하기 위해 구체적으로 살펴볼 필요가 있다. 1980년대에 대학생

신분으로 민주화운동에 가담하여 가치관을 공유하고 인적 네트워크를 유지하여 온 집단을 좁은 의미에서 **운동권 586집단**이라고 표현한다면 이들은 현재 권력 지도에서 얼마나 큰 비중을 차지할까? 1980년대 대학 진학률이 대략 20퍼센트였던 것을 감안하면 좁은 의미의 운동권 586집단의 최대 모수는 해당 연령대의 20퍼센트다. 또한 모든 대학에서 학생운동이 활발한 것도 아니고, 모든 대학생이 학생운동을 한 것은 아니었으므로, 대학생 중 학생운동 경험자의 비율은 높게 잡아 50퍼센트일 것이다. 이를 적용하면, 동 세대 내 운동권 586집단의 비율은 10퍼센트로 떨어진다. 게다가 학생운동에 적극적으로 참여한 당시의 가치관과 인맥을 어떤 식으로든지 지금까지 이어온 사람들은 넓게 잡아도 해당 대학생의 10퍼센트를 넘기기 어렵다고 판단한다. 그렇다면 고작 1퍼센트 정도만 남는다.

그러나 그 1퍼센트조차도 졸업 후에 사회의 다양한 영역으로 분산되어 갔다. 정치권으로 가서 작은 권력이라도 행사하는 이는 정말 소수다. 집권 여당의 중진 정치인들로 변신한 이들은 겨우 0.01퍼센트나 될까?

(뒤에서도 설명하겠지만, 이런 분석이 좁은 의미에서든 넓은 의미에서든 586세대에게 면죄부를 주려는 것은 아니다. 80년대 운동권 집단은 이미 그 시절부터 '학력'이라는 단순한 지표만으로도 일정하게 특권화된 상위 20퍼센트 안에 속했다고 봐야 한다. 그리고 당시 학력은 매우 중요한 계층 사다리 역할을 했으므로 이들 중 다수가 50대가 된 현재에도 상위 20퍼센트 안에 있다고 보는 것이 이상하지 않다. 나를 포함해, 80년대 운동권 집단 1퍼센트는 동 세대의 나머지 99퍼센트에 비해 상대적으로 가치관이나 사고 패턴의 동질성이 높고, 상호 인맥 네트워크가 탄탄한 것이 사실일지 모른다.)

한편 1980년대에 이미 부를 축적한 집안 출신들은 이와 전혀 무관한 경로로 권력층이 되었다. 삼성, SK, LG 등 재벌가 3세들도 연령대로만 보면 586세대가 아닌가? 다음이나 네이버 등 90년대 이후 인터넷 비즈니스를 통해 지금은 대기업의 일원이 된 대주주와 경영자들도 민주화운동을 한 586집단과는 아무런 관련이 없지만 지금 경제 권력을 쥐고 있다. 법조, 의료, 언론, 행정, 대학 등의 영역에서 사회적, 행정적 권력을 장악하고 있는 50대들은(80년대 운동권 출신 중 소수도 여기에 있기는 하지만), 대부분 운동권과 아무런 연이 없는 50대 엘리트들이다. 게다가 촛불혁명에 의지해서 집권한 문재인 정부가 정말 한국사회의 정치, 경제, 사회 권력을 모두 교체하여 명실상부한 자신들의 정부를 운영하고 있는가? 나는 아니라고 생각한다. 문재인 정부하에서도 한국사회 권력 실세는 박근혜 정부, 이명박 정부 시절부터 계속 건재했던 거대한 보수 세력들이다. 그리고 이들은 80년대 운동권과는 아무런 가치적, 인적, 사회적 연결망도 공유하고 있지 않다.

결론적으로, 운동권 586집단은 한국의 핵심 경제 권력이나 행정 관료 권력을 쥔 적이 없다. 언론, 대학, 검찰, 법조 등의 영역에서도 이들은 비주류다. 그런데도 『불평등의 세대』에서 이철승 교수는 마치 80년대 운동권 집단이 시민 권력을 토대로 정치 권력과 시장 권력을 모두 장악한 것처럼 단언하고, 지금 한국사회의 문제(부동산 편중, 소득 불평등, 부의 대물림 등)에 대한 일차적 책임을 그들에게 묻고 있다. 난센스다. **지금 정치, 경제, 사회 권력의 정점에 주로 50대가 포진한 것은 맞지만, 이들이 곧 80년대 운동권 출신 50대라고 단언하는 것은 완전히 엉터리 정**

치 수사다. 라이트 밀스의 개념을 빌린다면, 이들은 여전히 한국 파워 엘리트층의 이질적인 비주류에 불과하다고 봐야 하지 않을까?

물론 이런 식의 진단을 통해 문재인 정부와 거기에 참여한 80년대 운동권 집단의 책임을 면제하려는 것은 아니다. 국민들이 그들에게 공식적으로 최고 권력을 주었으면 그들은 그것을 지렛대 삼아 사회의 모든 면에서 권력을 교체하는 데 필사적 노력을 기울였어야 한다고 생각한다. 만약 그랬다면, 한국사회 특성상 문자 그대로 '피 튀기는' 계급 전쟁이 벌어졌을 것이다. 하지만 문재인 정부는 그런 험한 전쟁에 뛰어들기보다, 기존 지배 세력과 상당 부분 타협했다고 나는 생각한다. 따라서 나는 80년대 운동권 집단에게도 이 사태의 당사자로서 일정한 역할을 해야 한다고 촉구한다. 어쨌든 이런 설명을 길게 한 것은, 청년세대의 대립항으로 운동권 586집단을 지목하는 지나치게 단순한 분석으로부터는 근본적인 해결책을 도출할 수 없다는 점 때문이다.

기성세대 정치에 가능성이 남아 있을까

그러면 운동권 586집단에게는 어떤 시대적 과제가 남아 있을까? 이들 중 많은 식자들은 조국 임명 논란 과정에서 불거진 '세대 격차'를 논하면서, 청년들에게 위로나 격려를 빙자해 자꾸 "무엇을 하라"고 훈수를 둠으로써 자신의 역할을 하고 있다고 생각한다. 하지만 늘 그렇듯이 불평등 해소를 평화롭게 하려면 가진 자들이 내놓아야 한다. **청년들에게 뭘 하라고 말하기 이전에 더 많은 자원을 쥔 586세대가 뭘 할지를 먼저 결정해야 한다는 것이다.**

서구의 사례를 살펴보자. 미국 상원의원이자 민주당 대통령 후보 경선에 나선 1941년생 버니 샌더스나 영국 노동당 당수인 1949년생 제러미 코빈Jeremy Corbyn은 586세대가 본보기로 삼을 만한 대표적 인물이다. 이들은 미국 민주당과 영국 노동당이라고 하는, 피케티식으로 표현하면 기존 지식엘리트 정당의 틀 안에서, 그저 '포용적'이라는 형용사로 치장한 기존의 허약한 불평등 완화 정책을 뛰어넘어 적극적인 불평등 타파 수준으로 정치적 비전을 확장시키고 이를 통해 다수의 20~30대 청년들에게 다가갔다. 아웃사이더 정치인이었던 제러미 코빈이 2015년에 영국 노동당 당수로 부상한 이유는, 당시 10만여 명의 노동당 신입 당원과 8만여 명의 등록 지지자 대부분이 청년이었고, 이들이 코빈을 강력히 지지했기 때문인 것으로 알려졌다. 아울러 2016년과 2020년 미국 대선을 앞둔 민주당 경선에서 '샌더스 돌풍'을 일으킨 원동력 역시 20대 청년들이었다.

한국에서의 문제는 586세대 안에서 세습사회와의 전쟁을 할 수 있는 새로운 정치적 힘이 형성될 수 있는가, 하는 점일 것이다. 이 대목에서도 조국 임명 논란은 중요한 분기점이 되었다. 박근혜 전 대통령 탄핵으로 치러진 선거에서 집권한 문재인 정부는, 지난 김대중 정부나 노무현 정부와는 달리 보수의 정치적 붕괴와 유권자들의 압도적인 기대 속에서 임기를 시작했다. 따라서 의지만 있다면 그 어느 정부보다도 진보적인 정책을 극대화해 추구할 수 있는 잠재력이 있었다. 초기의 부동산 투기 억제 정책(2017년 당시 더불어민주당 추미애 대표는 유명한 미국 토지개혁론자인 헨리 조지의 사상을 들고나오며 종부세 개혁을 예고했다)과 소득주도성장, 그리고 탈핵 정책은 분명 과거와 차원이 다른 정책이었다. 불평등을 해소하고 성장 방식을 전환하며 기후위기를 막는 길로 가는 중요한 첫발이었다. 하지만 부동산 정책은 자산 계층을 제압하여 자산 재분배로 가는 통로를 여는 것은 고사하고 서울 및 수도권의 부동산 투기 열풍으로 귀결되고 말았다. '최저임금 인상'으로 좁게 해석된 소득주도성장 정책도 두 해를 넘기지 못하고 좌초했다. 탈핵을 포함한 에너지 전환 정책도 초기의 높은 의지와 달리 기후위기 국면에서 한발도 전진하지 못하고 있는 상황이다.

그 와중에 조국 임명 논란은 문재인 정부의 모든 정책적 쟁점을, 검찰개혁으로 대표되는, 민주화 세력과 산업화 세력 사이의 지루한 대립 구도로 후퇴시켰다. 피케티의 표현을 빌리면 지식엘리트 정당 대 자산엘리트 정당의 정쟁으로 한국 정치를 후퇴시키고 이를 팬덤 정치가 뒷받침하고 있는 것이다. 문재인 정부의 첫 2년간이 사실상 운동권 586이 정치적 집단으로서 자신들의 진보적 의지를 시험해볼 마지막 기회였다고 본다면, 이 기회의 창은 이제 닫힌 것 같다.

이제 586세대에게 남은 선택지는 자신들의 동질적 틀을 깨고, 세

습사회를 무너뜨리는 데 적극적인 지향을 가진 소수의 네트워크들로부터 새로운 전망을 만들어보는 것이 아닐까. 소수 진보 정당을 포함한 사회의 다양한 영역에서 한국사회 문제를 재인식하고 정치적 목표나 전망을 다시 열어볼 수밖에 없을 것 같다. 그리고 더 이상 그 중심에 운동권 586집단이 있을 수는 없을 것 같다. 무게중심은 이제 2030세대로 이동해야 한다.

14

—

세대교체와 새로운 청년 정치

정치 영역에서의 자원 재분배, 어떻게 할까

'언제 태어났는지'에 따라 경제적 지위나 정치·문화적 경향이 달라진다는 것을 전제한 세대 이슈는 항상 제기되어왔다. 8장에서 확인한 것처럼 1997년 외환위기는 한국사회의 사회경제적 상황을 크게 바꾸어 놓았다는 점에서, 세대 이슈가 더욱 첨예해지는 배경이 되었다. 그때 이후 한국사회는 고성장 사회에서 저성장 사회로, 빠른 인구 증가 사회에서 저출산·고령화 사회로, 고용안정 사회에서 고용불안정 사회로, 상대적으로 평준화된 사회에서 비평준화된 사회로 변하게 되었다. 그 결과 외환위기 이전에 사회에 진출한 세대(주로 586세대)와 외환위기 이후에 사회에 진출한 세대(2030세대)가 직면한 사회·경제적 환경은 완전히 달랐다. 최종적으로 20~30대에 비해서 586세대가 경제, 사회, 정치적 권력 자원을 점유하는 데 있어 유리한 위치에 놓이게 됐다. 이런 과정을 거쳐 지금의 세대 이슈가 사회적으로 등장했고, 세대 간 자원 재분배 이슈도 정치적 쟁점으로 떠올랐다. 그리고 경제, 사회, 정치적 자원을 윗세대에서 아랫세대로 이동시키는 세대교체에 대한 사회적 요구가 대두했다.

하지만 한국사회의 문제가 여기서 끝나지 않는다는 것은 앞서 확인했다. 세대 간 격차가 문제의 전부가 아니라 **세습이 더 심각한 문제라는 것 말이다. 따라서 세대 간 공정이라는 잣대만으로는 이 문제에 접근할 수 없다. 세대 이슈 위에 계급의 문제를 중첩시키는 관점이 필요하다.** 기성세대의 상위 계층이 자신의 권력 자원을 이용하여 자녀에게 지위를 물려주는 메커니즘에 문제를 제기해야 한다. 이 상황에서 세대 간 공정한 자원 재분배는 ① **상위 20퍼센트 586**의 자원이 ③ **상위 20퍼센트 2030**에게 이전되는 데 그치는 것을 경계하고, ④ **80퍼센트 2030**에게까지 확산되게 할 방안을 고민하지 않으면 안 된다. 즉, 세대의 교체 과정에서 어떻게 경제적, 정치적 자원을 사회적으로 재분배할 것인가, 라는 과제가 제기된다.

어떻게 할 것인가? 자원을 쥔 상위 20퍼센트 586세대는 진보와 보수를 막론하고 세습사회로의 변화에 대한 통찰 없이, 시효가 만료된 능력주의 신조를 기반으로 세상을 읽고 청년들에게 충고를 하고 한국사회의 미래를 설계해왔다. 하지만 그런 충고와 조언들은 세습사회에서는 거의 쓸모가 없다. 기성세대 엘리트들이 선의를 갖고 각성해 자신의 능력주의 신조를 포기하고 세습사회의 도래를 인정한다고 해도 사정은 크게 달라지지 않는다. 그 경우에도 기성세대들은 (청년들과 마찬가지로) 세습사회에서 무엇을 해야 하는지에 대해서는 경험도 감각도 없기 때문이다. 그럼 이런 방법은 어떤가? **청년세대가 스스로 느끼는 현실을 그대로 사회적 공간에서 표현하게 하고, 자신들이 소망하는 미래를 스스로 설계하고, 그 설계대로 실행할 수 있도록 청년들에게 권력과 자원을 주는 것이다.**

최근 청년세대의 인식을 접하다보면, 기성세대가 20~30대와 소통하면서 세대교체를 주도하는 것은 사실상 불가능하다는 것을 절감하게 된다. 신문에 실린 한 대구 대학생의 인터뷰 내용이다.

“50대는 전형적인 기득권 세대잖아요. 편하게 취직해서 그렇게 많은 부를 축적했는데, 지금 세대에 대해서 열정이 부족하다고 하는 건 좀 아닌 것 같아요. 뭔가 사회에 대한 인식을 잘못하는 게 아닌가 싶어요.”

서울에서 전문대를 다니는 한 학생의 인터뷰 내용도 이와 다르지 않다.

“50대는 너무 꽉 막혀 있어요. 이야기가 안 통해서 깊은 이야기를 안 하게 됩니다. 그런 사람들이 고위 관료로 있으니까 더 답답해지는 느낌이에요. 학교 교수들도 마찬가지죠. 구구절절 말도 안 되는 이야기만 해요. 문제는 자기들도 자신의 문제가 뭔지 모른다는 겁니다.”●

하지만 자원은 자발적으로, 저절로 이전되지 않는다. 특히 자원이 많은 집단이 더 많은 표를 가지는, 즉 ‘1원 1표’가 철저히 관철되는 시장경제 사회에서는 지금처럼 자원이 윗세대의 일부에 오랫동안 머무르는 것이 아무리 비효율적이라고 해도, 보이지 않는 손에 의해 자원의 이동이 일어날 개연성이 별로 없다. 그렇다면 형식적으로라도 ‘1인 1표’의 논리가 작동하는 정치 영역에서 먼저 세대교체가 일어나야 하지 않을까? ③ 상

● 강재구 등, 「‘고정값’이 된 불공정… 청년들 “분노해봤자 바뀌는 것 없다”」, 『한겨레』, 2019.12.9.

위 20퍼센트 2030뿐 아니라 ④ 80퍼센트 2030이 정치 공간의 의사결정 과정에 다양하게 개입할 수 있는 길을 여는 것이 우선적으로 필요하다. 이를 지렛대로 각종 조세정책과 격차 해소 정책을 포함한 경제·사회적 자원 재분배 정책이 도입되도록 압박해야 한다.

80퍼센트 청년세대가 스스로 대표하도록

그러면 현재 정치적 자원과 의사결정 과정은 전 세대에 걸쳐 얼마나 공정하게 배분되어 있을까? 불행하게도 ① **상위 20퍼센트 586**에게 자원이 가장 많이 집중되어 있는 영역이 바로 정치인 것 같다. 그 때문에 정치권 기성세대의 청년 호출은 오히려 자신들의 정치 자원 독점을 '자인'하는 행위처럼 보인다. 선거 시기에 기성세대 정치인들이 청년들을 공개적으로 요란하게 초대한 것은 2012년 총선부터다. 그리고 2020년 총선에서도 청년들이 대대적으로 호명되고 있다. 하긴 2016년 총선에서 당선된 20~30대 국회의원이 고작 1퍼센트였으니 한국사회의 정치 공간에서는 현실적으로 청년들의 목소리가 극도로 억제되어 있다고 봐야 하지 않을까? 2020년 인구추계 기준으로 국회의원 피선거권 25세 이상 인구 약 3,966만 명 가운데 25~39세 인구는 1,084만 명으로 약 27퍼센트를 차지한다. 그러므로 피선거권 인구를 기준으로 봐도 전체 국회 의석 중 약 81석은 청년이 차지하는 것이 인구 비례에 부합한다. 선거권을 기준으로 만 18세 이상 유권자 4,410만 명 중 18~39세의 청년 인구가 1,528만 명이므로, 이 기준을 적용한다면 20~30대가 국회 의석의 35퍼센트는 차지해야 할 것이다. 하지만 35퍼센트는 고사하고 35명이 되기도 쉽지 않은 것이 오늘의 정치 상황이다.

2012년 기준 한국과 세계 평균 국회의원 연령대 비교

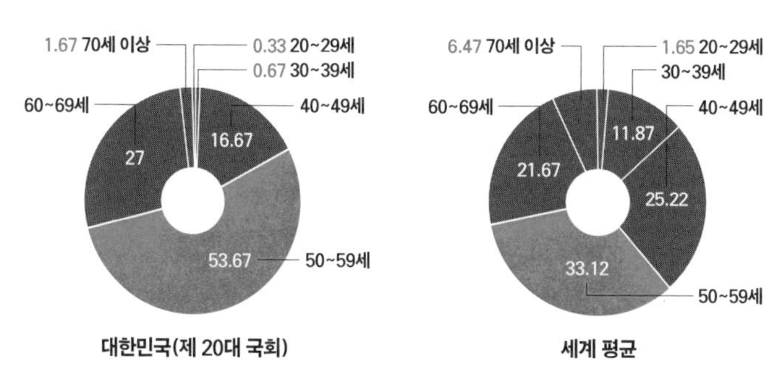

출처: 국제의원연맹, 중앙선거관리위원회

세계적 지형 속에 놓고 봐도 한국에서 기성세대의 정치 자원 독점은 극심한 수준이다. 20대 국회의원 가운데 50대 이상의 비율이 80퍼센트를 넘는다. 2012년을 기준으로 세계 평균은 약 55퍼센트였다. 지난해 핀란드에서는 34세 여성 총리가 등장하여 화제가 되었고, 노르웨이를 필두로 스웨덴과 핀란드에서는 이미 30세 미만 청년 의원 비율이 10퍼센트를 넘었다. 덴마크, 우크라이나, 안도라에서는 40세 미만 청년 의원 비율이 벌써 40퍼센트 벽을 깼다. 국제의원연맹 자료에 따르면 "조사 대상 150개국의 단원제 국회나 하원 가운데 30세 미만 청년 국회의원이 10퍼센트를 넘는 나라는 5개국, 5퍼센트를 넘는 나라는 27개국, 3퍼센트를 넘는 나라는 39개국, 2퍼센트를 넘는 나라는 64개국, 1퍼센트를 넘는 나라는 94개국이다. 30세 미만 의원이 한 명이라도 있는 나라는 총 105개국이다. 한국은 2018년 기준으로 30세 미만 국회의원이 한 명도 없어 (세대교체 측면에서) 공동 꼴찌(106등)를 기록한 45개국 중 하나다."•

국회 및 지방의회와 각종 선출직, 각종 의사결정 기구와 협의 기구 등의 구성이 좀 더 국민의 구성을 닮도록, 좀 더 세대 간 균형을 이룰 수 있도록 하는 것은 매우 중요하다. 물론 원칙적으로는 청년을 꼭 청년이 대의해야 하는 것은 아니다. 그러나 지금까지 누누이 강조했던 것처럼, 기성세대, 특히 ① **상위 20퍼센트 586**은 진보든 보수든 상관없이 세습사회에 대한 감각이나 세습을 끊어낼 비전 등이 거의 부재하다. 더욱이 이들은 ④ **80퍼센트 2030**과의 소통 자체가 잘 안 된다. 그렇기 때문에 의도적으로 청년들이 스스로 대변할 수 있게 만들어줘야 한다. **이것이 자산의 사회적 상속에 비견되는 정치의 사회적 상속이다.**

그런데 이처럼 정치적 세대교체를 하려면, 기성세대가 자신들의 정치 공간에 시혜적으로 청년들을 약간 명 영입해서 '세대를 희석'시키는 방식이 아니라, 청년들이 대거 자유롭게 정치 공간으로 드나들 수 있는 구조를 만들어야 한다고 생각한다. 그러려면 청년들이 정치 공간에 쉽게 드나들 수 있도록 문턱을 확 낮춰야 한다. 앞서 이야기한 것처럼 우선 선거권, 피선거권 등의 연령 문턱을 확실하게 파괴해야 한다. 선거

• 곽노현, 「45세 미만 국회의원 6.33%, 150개국 중 143등」, 〈프레시안〉, 2019.3.12.

권 연령을 18세로 내리는 수준으로는 어림도 없다. 국회의원 피선거권 연령도 선거권과 달리 굳이 25세 이상으로 한정할 필요가 없다. 선거권과 피선거권 연령을 일치시키는 것이 좋다고 생각한다. 청년들에게는 정치활동 비용도 큰 문제다. 지금 청년들의 정치활동을 위해서는 선거기탁금제도 같은 문턱 역시 파괴해야 하며, 청년을 위한 정치적 투자를 한다는 취지에서 선거비용을 국고보조로 처리하는 방안도 고려해야 한다. 선거기탁금제도와 높은 선거비용은 현재의 20~30대 청년들이 정치 공간으로 진입하지 못하게 하는 문턱이기 때문이다.

물론 이렇게 제도를 뜯어고치는 것 자체부터 청년 없는 정치 공간에서는 난관이다. 그래서 '국회를 바꾸는 사람들'의 곽노현 상임대표는 **청년절반국회**를 실현하기 위해 공천 과정에 **청년할당제**를 도입하자고 주장하기도 한다. 일부에서는 서구처럼 정치인을 조기에 등용시키는 시스템을 구축해야 한다고 말한다. 모두 생각해볼 만한 주장들이다.

청년 정치는 청년정책만을 위한 것이 아니다

기성세대 정치인들은 국회에 겨우 진입한 소수의 청년들에게 청년문제나 청년 관련 정책을 책임지라는 식으로 그 역할을 제한하곤 하는데 이는 더 큰 문제다. 물론 이것도 필요한 일이다. 당사자가 청년들과 호흡하면서 제대로 청년정책을 만들어야 한다. 하지만 더 중요한 과제가 있다. '청년정책'을 뛰어넘어 국가와 사회의 모든 정책들 속에 청년들의 목소리가 반영되어야 하며, 청년들이 참여한 의사결정이 내려져야 한다. 이것이 왜 필요한지를 보여주는 예를 들어보겠다. 2019년에 국가 정책기획위원회는 25년 후 대한민국의 미래를 설계하는 프로젝트 '미래비전 2045' 결과를 발표했다. 논리적으로 보면 이 프로젝트에는 2045년에 한창 국가를 책임지고 이끌 당사자들의 의견이 최대한 반영되는 것이 옳지 않았을까? 그런데 이 프로젝트에는 미래세대가 거의 참여하지 못한 것으로 알려졌다. 요약하면 **청년 정치를 청년정책 안에 가두면 안 된다. 청년은 기성세대와 동등한 시민으로서 시민적 삶의 모든 문제에 개입해야 하고 그럴 권리가 있다.** 특히 기후변화나 기술변화 등 미래에 관련된 이슈라면 청년들에게 특권을 줘서라도, 이들이 기성세대보다 더 많이 참여하도록 만들어야 한다.

특히 앞에서 세습사회를 타파할 대안으로 제시한 청년 기초자산제, 최고임금제, 자산의 영구적 순환 제도 등의 정책들은 상위 20퍼센트 기성세대의 이해관계와 정면으로 충돌한다. 따라서 이 정책들을 도입하려면 이 정책에 강력한 이해관계를 가지고 있는 **④ 80퍼센트 2030**이 훨씬 더 광범위하게 참여해야 한다. 그들이 정치 공간에서 자신들의 목소리로 풍부하게 이야기하고, 자신들의 의지가 반영될 수 있도록 의사결정 과정에 반드시 참여하도록 해야 한다. 그래야 세습화된 불평등 의제가 비로소 정치화될 것이라고 생각한다.

일부 기성세대는 청년들이 정치적 관심이 적거나 보수화되어 있다는 식으로 청년들의 비정치화를 기정사실화하기도 한다. 그러나 다들 알다시피, 지금 세계의 정치 구도는 세대 구도로 재편되고 있다. 정치적 성향을 가르는 데 계급이나 젠더, 인종 등 그 어떤 구분 기준보다도 '연령대'가 중요한 영향 요인으로 작용하고 있다는 뜻이다. 또한 청년세대가 비정치화된 것이 아니라 적극적으로 기성세대와 차별화를 시도하면서 정치화하고 있다는 것이다.

예를 들어 미국에서는 이미 2016년 대선 과정에서 민주사회주의를 정체성으로 내걸고 민주당 경선 후보로 출마했던 버니 샌더스 돌풍이 상당 부분 20대의 지지에서 비롯되었다는 평가가 있었다. 그리고 지난 수십 년 동안의 하원 선거 추세를 볼 때, 당시의 상황은 결코 샌더스 개인에 대한 일시적인 지지 때문에 일어난 일은 아니었다. 2000년도까지만 해도 미국 하원 선거에서 연령대별 공화당 지지와 민주당 지지 간 차이는 그리 눈에 띌 만한 수준이 아니었다. 하지만 그 이후 청년들은 민주당에 투표하는 방향으로, 기성세대는 공화당 투표

미국 하원 선거에서 연령대별 투표 성향의 변화

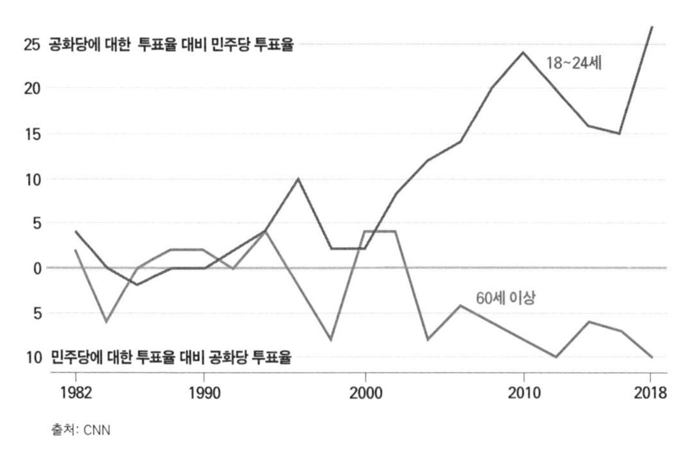

출처: CNN

로 확연하게 나뉘는 현상이 계속 강화되고 있음을 확인할 수 있다. 따라서 미국에서의 연령대별 투표 성향 격차의 확대 역시 일시적인 현상이라기보다는 지난 수십 년 동안 강화되어 온 추세에 의한 것이었다고 판단할 수 있다.

한국은 어떨까? 한국 역시 최근 들어 경제적 지위(계급)나 지역(출신)보다도 연령대(세대)가 정치·사회적 의식이나 행위에 점점 더 큰 영향을 발휘하고 있다는 증거가 나타나고 있다. 예를 들어, 지난 네 차례의 총선 결과를 살펴보면, 더불어민주당에 대한 20대 투표율 대비 60대 이상 투표율(20대 한 명이 더불어민주당에 투표할 때, 60대 이상 연령대에서는 몇 명이 투표했는지를 나타내는 수치. 1에 가까울수록 연령대별 투표율이 비슷하다는 의미이다)이 2004년에는 0.86, 2008년에는 1.1이었지만, 2012년에는 0.4, 그리고 2016년에는 0.2였다. 즉 2010년대 들어서는 20대의 더불어민주당 지지율이 60대 이상보다 압도적으로 높아진 것이다. 반면 구 자유한국당(현 미래통합당)의 경우 이 수치는 2004년 3.7이었다가, 2008년에는 1.4, 2012년에는 3, 그리고 2012년에는 3.6이었다. (각 시기 방송사 출구조사 결과) 이런 수치는 시간이 지남에 따라 연령대별 투표 성향의 간격이 점점 더 벌어져왔음을 보여준다.

이처럼 정치적 투표 성향이 연령대에 따라서 크게 갈리는 현상은 최근 10여 년 동안 매우 강화되어왔고, 한국만의 특수한 현상이 아니라 영국이나 미국 등에서도 유사하게 발견되는 지속적인 경향이다. 이는 최근 수십 년 동안의 사회경제적 측면에서의 '시대적 변동' 상황을 반영한다. 분명한 것은 이처럼 연령별 투표 성향이 확실히 나뉠수록, 정치의 토론 공간과 의사결정 공간에서 연령대별 안배가 더욱 중요해진다는 것이다. 어느 한쪽이 배제되면, 그들의 목소리는 공식적이고 제도적인 공간에서 외면 당할 것이고, 그 결과는 제도 공간 밖으로 정치가 나오는 현상, 즉 포퓰리즘의 부상이다.

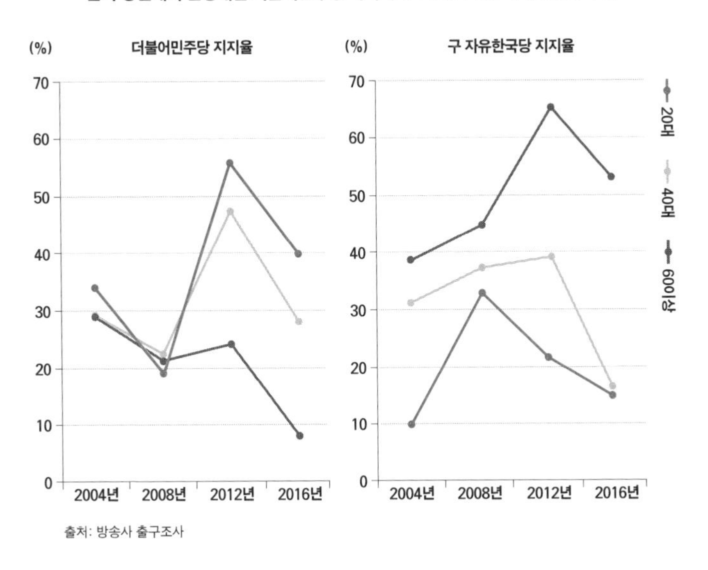

다음 판을 위한 세대교체

당연한 이야기지만 세대교체론이라는 것이 — 사회구조 내의 계급적 분열을 뭉개버리고 — 단지 연령대별 배분만을 고려해서 아랫세대로 정치적 이니셔티브를 넘기자는 것은 아니다.

세대교체란 ① **상위 20퍼센트 586**이 독점하고 있는 정치적 자원을 회수하든지 최소한 분산시켜서 ③과 ④ **2030** 그룹으로 일정하게 옮기자는 의미다. 그리고, 이를테면 미국에서 70대 고령의 민주사회주의자 버니 샌더스와 최연소 하원의원인 알렉산드리아 오카시오 코르테스Alexandria Ocasio-Cortez가 협력하여 선거운동을 하고, 이를 청년들이 전폭적으로 지지하는 모습에서 확인할 수 있는 것처럼, 세대교체라는 것이 그야말로 특정한 연령대 사람들만의 문제는 아니라고 생각한다.

물론 이 과정이 현재 거대 정당들이 '청년'들을 여의도에 불러들이는 것처럼, 주로 ③ **상위 20퍼센트 2030**을 특정해 권력 자원을 넘기는 방식으로 진행되면 안 된다. 비정규직의 정규직 전환에 대한 격렬한 반대 현상에서 보았던 것처럼 ③ 그룹이 ① **상위 20퍼센트 586**보다 더 높은 성벽을 쌓고 자신들만의 기득권을 유지시키는 방향으로 권력 자원을 활용할 가능성을 아무도 배제할 수 없기 때문이다. 이는 경제 권력이 세습되듯 정치 권력도 세습되는 결과로 이어질지 모른다. 문희상 국회의장의 지역구 세습 논란은 그 빙산의 일각일 수도 있다. 태어날 때부터 성 안에 살면서 엘리트 세습 코스를 밟은 청년들이 향후 사회적, 정치적 자원을 독점하게 될 때의 결과가 나는 두렵다.

③과 ④를 망라하는 전체 청년세대로의 권력 이전이 일어나면 저절로 세습사회를 혁파할 정책대안들이 실현되리라고 장담하는 것은 물론 아니다. 일부에서는, 난민들에 대한 청년들의 거부반응 등을 사례로 들면서 '청년의 보수화 경향'을 지목하기도 한다. 권력 자원을 세대 간 이전하는 것과, 그 자원

을 손에 넣은 청년들이 사회를 진보적 방향으로 움직이는 것은 다른 문제다. 하지만 한 가지 확실한 것은 '청년 보수화'의 주요 대상으로 지목되는 20대 남성조차도 (전통적으로 진보와 보수를 가르는 질문 중 하나인) 복지와 성장에 대한 태도를 묻는 질문에 대해서 30대 이상의 남성 혹은 여성과 특별히 다른 대답을 하지 않았다는 점이다. (천관율, 정한울, 2019) '청년 보수화' 현상을 과도하게 강조하는 주장을 그대로 받아들이기는 사실상 어렵다는 뜻이다.

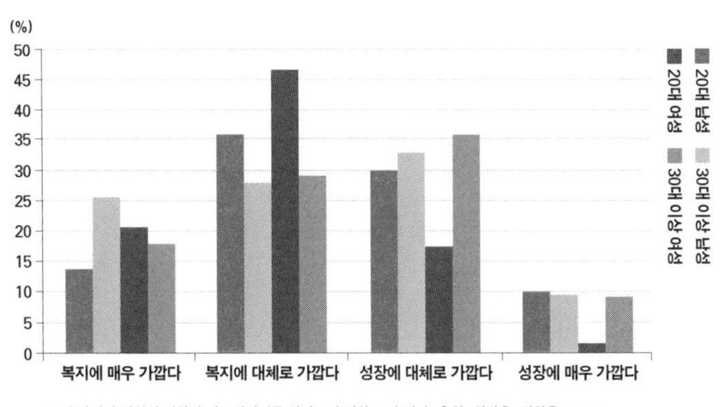

20대 남성의 정치적 성향이 진보적인지를 알아보기 위한 조사 결과. 출처: 천관율, 정한울, 2019

오히려 이 대목에서 한 가지 살펴봐야 할 것이 있다. 사실 미국이나 영국과 같은 서구에서 우익 포퓰리즘 같은 보수화 현상은 20~30대에서가 아니라 전통적인 40~50대의 80퍼센트에 속한 남성 주류 집단에서 나타나는 경향이 있다. 이런 현상을 설명하기 위해 데이비드 굿하트는 세상을 바라보는 관점에 따라 사회 그룹을 **애니웨어**anywhere와 **섬웨어**somewhere 두 부류로 나눈다. 섬웨어 그룹은 문자 그대로 특정한 곳에서 오랫동안 머물러서 살아왔던 사람들로, 이를테면 제조업 지대에서 생산직으로 평생을 살아온 80퍼센트 40~50대다. 미국의 트럼프 지지자들, 영국의 브렉시트Brexit 지지자들이 여기에 속한다. 이 책의 구분법에 따르면 ② 그룹에 들어갈 것이다. 이들이야말로 보수화 현상의 중심에 있다. 그 이유는 다음과 같다.

"섬웨어에 속한 사람들은 뿌리를 중시한다. 특정 지역이나 집단이 자신의 정체성을 드러낸다. 섬웨어의 핵심을 이루는 저학력 백인 노동자는 종종 퇴물로 취급된다. 노동계급의 문화가 퇴색하고 공공 담론에서도 소외되면서 문화적 상실감을 맛보는 중이다."

Goodhart, 2017

반면 "애니웨어는 일반적으로 스스로에게 관대하며 사회문제에 관심이 많은 진보적 그룹"이다. "애니웨어 세계관의 핵심 요소인 개방성, 능력주의, 자율성, 변화에 대한 찬양은 부유한 사람이나 능력이 뛰어난 사람, 발 빠른 사람에게 유리한 가치나 태도"이기 때문에 이는 "적어도 단기적으로는 소득이 적거나 능력이 부족한 하위 계층에게는 불리하다." 따라서 이 그룹은 한국에서는 ① **상위 20퍼센트 586**이나 이들에 의해 훈육된 ③ **80퍼센트 2030**일 가능성이 높다. (한국의 ① 그룹의 경우 이런 특성과 국수주의적 경향이 혼재되어 있는 것으로 판단된다.)

문제는 이 대목에서 ④ **80퍼센트 2030**이 섬웨어인지 혹은 애니웨어인지 여부다. 만약 애니웨어의 특성 중 "이동성 확대와 대규모 이민, 고등교육 확산, 젊은 세대의 사회적 자유주의 의식 확장, 소셜미디어 활성화, 전통적 가치에 대한 충성도 약화" 등을 적용해본다면 ④ 그룹도 애니웨어에 가까울 것이다. 따라서 만약에 이들이 정치 공간에서 비엘리트주의적이면서 애니웨어적인 속성을 발현한다면 나는 이들 버전의 진보적인 역동성이 나타날 수도 있다고 생각하는 편이다.

미국이나 영국의 사례를 보면, ④ 그룹의 정치적 선택은 대체로 보수 포퓰리즘이 아닌 진보 포퓰리즘이었다. 물론 이때의 **진보**가 담고자 하는 것은 ① 그룹의 '민주화'와는 많이 다를 것이다. **20~30대의 진보의 방향은, 역사적 추세로 볼 때 불평등의 대물림을 해체하고 기후위기에 대처하는 새로운 경제사회와 삶의 방식을 모색하는 것이 될 가능성이 높다.** 이를 추구하기 위한 도구인 정치적 자원의 획득이 기존의 정치제도나 질서 안에서 제대로 이뤄지지 않을 경우, 이들은 자연스럽게 진보 포퓰리즘으로 자신들의 정치적 행보를 열어갈 개연성이 있다고 생각한다.

15

전환의 정치 비전, 그린뉴딜

결정적이고 평화적인 계기는 어떻게 찾을까

글을 맺기에 앞서 남은 화두가 하나 있다. 사회에 구조화된 불평등을 해소하고 심층에서의 불평등의 대물림을 끊는 것은 결코 한두 가지 정책 수단으로 가능한 과제가 아니다. 대대적인 자산 재분배를 통해 '비슷한 출발선'이 만들어진 시기에는 전쟁과 혁명, 대재난이라는 어마어마한 정치·사회적 힘이 작동했음을 앞에서 살펴봤다. 즉, 사회 대개혁이 수반되지 않으면 세습사회 청산은 불가능하다는 것이 역사의 교훈이다. 2008년 이후 10년이 넘도록 장기적 경기침체와 소득 정체가 계속되고 있다고는 하지만, 그리고 그 결과 정치적으로 포퓰리즘과 국가간 갈등이 확대되는 불안정성이 커지고 있다고는 하지만, 여전히 강력한 정치·사회적 압력이 없는 상황에서 과연 불평등과 세습사회 청산이 가능한가? 약간의 조세제도 개편이나 공교육제도 개선으로는 도무지 달성 가능하지 않다.

더욱이, 세습사회 청산을 위한 정책을 실현하기 위해서는 정치적으로도 세대교체가 되어야 한다고 지적했다. **20~30대는 과연 어떤 경로로 586세대가 독점한 한국의 정치 공간을 장악해나갈 수 있을까?** 586세대와는 달리, 20~30대는 정치적으로 집단을 형성하고 세력화해본 경험도 많지 않다. 이들이 어떻게 정치적으로 실체화될 수 있을 것인가? 과연 2020년대 내에 세대교체를 위한 중대한 전환의 계기와 기회가 올 수 있을까? 만약 그럴 수 있다 해도, 물리적인 전쟁이나 대규모 갈등을 수반하지 않는 평화적인 계기가 있을 수 있는가?

툰베리와 코르테스, 그리고 그린뉴딜

"툰베리와 학생기후파업운동School Strike for Climate, 선라이즈운동Sunrise Movement, 멸종저항Extinction Rebellion, 그린뉴딜Green New Deal의 급부상은 모두 1년 내의 짧은 기간에 일어났다. 실제 시위와 파업의 수백만 기후변화 활동가 대다수는 청년이다. 이는 선진 자본주의 국가에서 환경 투쟁의 거대한 변혁을 의미한다."

Foster, 2019

한국사회가 미처 눈치채지 못한 사이에, 어쩌면 앞으로 세계를 뒤흔들 수 있는 사건들이 2018~2019년에 연이어 쌓여나가고 있었다. 2003년생인 스웨덴 청소년 그레타 툰베리Greta Thunberg는 262년 만에 가장 더운 폭염이 있었던 2018년 여름 매주 금요일에 학교를 결석한 채 국회의사당 앞에서 "기후를 위한 학교 파업School Strike for Climate"이라는 피켓을 들고 1인 시위를 했다. 이 시위는 세계적 기후운동인 '미래를 위한 금요일Fridays for Future'로 이어져 2019년 3월과 9월에 전 세계의 수백만 청소년과 청년들의 기후 파업으로 확산되었다. 그 와중에 툰베리는 2019년 9월 유엔 총회장에서 기후위기를 해결하기 위한 행동에 나서라고 세계 지도자들에게 촉구하는 한편, 중요한 국제회의에 연속적으로 참여하면서 기후위기를 막을 기성세대의 결단과 행동을 촉구하였다. 툰베리의 활동은 순식간에 전 세계 청소년들과 청년들의 공감을 불러일으켰을 뿐 아니라, 기성세대의 성찰과 자각을 일깨우는 데 엄청나게 중요한 역할을 했다. (불평등과 더불어 시대의 핵심 이슈인) 기후위기 이슈가 아예 10대 청소년들에 의해 전면적으로 제기되면서 세계적 의제의 판도를 바꿔내고 있는 것이다.

한편 미국에서는 우익 포퓰리스트 트럼프 대통령의 집권 중반기인 2018년에, 1989년생인 남미계의 알렉산더 오카시오 코르테스가 하원 선거에서 역사상 최연소 민주당 의원으로 당선되면서 세계의 주목을 받았다. 그는 2016년부터 버니 샌더스의 대통령 후보 선거운동을 지원한 '미국 민주사회주의자Democratic Socialists of America' 멤버였고, 2020년 대선에서도 공개적으로 샌더스의 선거운동을 돕고 있다. 그는 당선 직후 미국의 청소년 기후운동 단체 선라이즈운동과 함께 미국 의회 안에 '그린뉴딜 특별위원회' 설치를 요구하며 의회를 압박했고, 2019년 2월에는 에드워드 마키Edward Markey 상원의원과 함께 '그린뉴딜 결의안'을 제출한다. **그린뉴딜**은 불평등과 기후위기에 동시에 대처하는 정책 패키지다. 탄소배출을 10년 안에 절반 수준으로 떨어뜨려 기후위기를 안전한 수준으로 누그러뜨리는 목표를 달성하기 위해 에너지와 산업, 도시와 시민 생활의 풍경을 근본적으로 전환하는 정책이다. 새로운 그린 산업과 자본을 형성해 일자리를 늘리고, 그 과정에 지역 공동체와 시민들을 참여시켜 불평등을 완화하는 것까지를 포괄한다.

이후 버니 샌더스, 조 바이든을 포함한 민주당의 주요 대선후보들이 그린뉴딜을 선거공약으로 수용하면서 이 정책은 녹색당과 일부 환경단체의 의제 테두리를 벗어나 세계적인 화두로 떠오른다. 특히 2019년 12월에는 유럽연합 집행위원회가 유럽 그린딜European Green Deal이라는 이름으로 유럽 차원의 그린뉴딜 정책을 채택하고 곧바로 실행을 위한 세부 작업에 들어갔다.

여기서 주목해봐야 하는 것은, 기후위기라는 거대 이슈가 지금 당장 대처해야 하는 이슈로 급부상했다는 것이고, 이 이슈가 정책 설계 차원에서 불평등 이슈와 적극적으로 결합했다는 것이다. 그리고 이해당사자인 30대 이하의 청년들이 적극적으로 나서 이를 세계적인 의제로 바꿔냈다는 것이다. 이 과정을 앞서서 개척한 두 인물이 바로 2003년생 툰베리와 1989년생 코르테스였다.

기존 시스템의 뿌리를 흔드는 전환의 정책

그렇다면 오랫동안 환경 의제로 간주되었던 기후위기가 어떻게 사회에, 전쟁에 준하는 충격을 지금 당장 줄 수 있단 말인가? 사실 기후위기와 관련해서 한국사회가 체감하는 수준은 아직 미세먼지 정도인 것 같다. 하지만 우리가 인정하지 않는다고, 이미 있는 위기가 없어지는 것은 아니다. 대기과학자 조천호 박사는 미세먼지가 불량배라면 기후위기는 핵폭탄이라며 미세먼지 이슈에 갇혀서는 안 된다고 강조한다. 특히 최근 1~2년 동안 기후위기에 대한 경고 강도는 한국사회도 더는 외면할 수 없을 정도로 높아졌다. 일부 다큐멘터리 영화 이야기가 아니라 최고 공공기관의 공식적인 경고들이다. 유엔도 우리가 2030년까지 신속한 조치를 취하지 않는다면 돌이킬 수 없는 결과가 초래될 것이라고 경고한다.

안토니오 쿠테헤스 유엔 사무총장은 현재의 기후위기에 대해 "다시 돌아오지 못할 지점(환경 복원이 불가능한 수준)이 더는 지평선 너머에 있지 않으며 가시권에서 우리를 향해 세차게 다가오고 있다"고 표현했다.• 2019년 11월에 세계 153개국 과학자 1만 1,258명은 "기후위기는 대부분의 과학자들이 예상했던 것보다 더 빠르게 진전되고 있다"며, "인류의 운명을 위협하고 있다"고 말했다. 이어 "특히 우려되는 것은 지구가 회복할 수 없는 기후의 '분기점'에 다다르는 것"이고, "더는 통제할 기회를 잃는다는 것이 바로 '재앙'"이라고 경고했다. 기후위기를 전쟁에 비유하는 이야기가 과장이 아닌 것이다.•

한국은 사실 상황이 더 나쁘다. 한국의 대기 중 이산화탄소 농도는 평균 415.2ppm으로 지구 평균보다도 7.4ppm이 높다. 한반도 평균 기온도 10년당 평균 0.18도씩 올랐으니 100년 동안 1.8도 오른 셈이다. 특히 미세먼지와 이산화탄소 배출 모두에 막대한 영향을 미치는 한국의 1인당 석탄 소비량은 1.73 TOE로 세계에서 호주(1.77 TOE)에 이어 두 번째로 많다. 석탄 대국인 중국(1.35 TOE)보다도 많이 소비한다. 그러다 보

• 장재은, 「유엔 총장 "인류, 자연과의 전쟁 반드시 그만둬야"」, 〈연합뉴스〉, 2019.12.1.
• 박성훈, 「"지구 비상…전례없는 재앙 온다" 전세계 과학자들의 경고」, 『중앙일보』, 2019.11.6.

니 한국은 각국의 기후변화 대응 정도를 평가해 순위를 매긴 2019년 '기후변화대응지수CCPI' 조사에서 총 61위 중 58위를 하는 등 기후위기 대응 수준이 사실상 세계에서 꼴찌다.● 이는 한국이 미세먼지뿐 아니라 기후위기에 직접적으로 직면할 개연성이 다른 어떤 국가보다 크다는 뜻이다.

그러면 환경을 더 고려해서 지속가능한 성장을 하면 되는 것은 아닐까? 불행하게도 그렇지 않다. 지난 수십 년 동안 기후위기 대처를 소홀히 한 결과, 영국 경제학자 앤 페티포Ann Petiffor에 따르면 "우리는 이제 점진적으로 단계적인 접근법을 선택할 수 있는 입장"이 아니다. 왜냐하면 "온건한 조정 방식을 선택할 여지는 완전히 사라져" 버렸기 때문이다.(Petiffor, 2019) 전면적인 변화가 필요하다. 당장 10년 안에 이산화탄소 배출을 절반으로 줄여야 하고 2050년까지는 탄소배출 순제로net zero에 도달해야 한다.

탄소배출을 절반으로 줄이거나 순제로에 도달한다는 것은 지금까지 경제를 지탱해왔던 화석연료 의존 구조에서 벗어나 탈탄소경제로 전환해야 한다는 것, 즉 화석연료로 공급받던 에너지를 재생에너지로 전환하고 모든 내연기관 자동차를 전기자동차로 바꾸며, 석유로부터 추출한 원료들을 다른 원료로 대체한다는 것이다. 문제는 한국사회가 외환위기 때 말고는 지금까지 단 한 번도 제대로 탄소배출을 줄여본 적이 없다

● 김예나, 「'기후변화대응지수' 평가서 한국 최하위권…61국 중 58위」, 〈연합뉴스〉, 2019.12.10.

는 것이다. 외환위기 당시 탄소배출은 전년 대비 마이너스 14퍼센트로 떨어졌고 경제성장률은 마이너스 5.1퍼센트로 후퇴했다. 만약에 아무런 전환 과정 없이 순전히 생산과 소비를 줄여서 앞으로 10년 안에 탄소배출을 절반으로 떨어뜨리려면, 매년 2.5퍼센트포인트씩 역성장을 해야 한다는 말이다. 한 해도 아니고 매년. 이게 가능할까? 아마 불가능할 것이다.

그래서 그린뉴딜이라는 전시 정책 수준의 강력한 국가적 대책이 나온 것이다. 이는 기존 시스템의 뿌리를 흔드는 엄청난 일이다. 20세기식 '탄소 경제'에서 '탄소'를 빼는 순간 탄소 위에 세워진 모든 자산 구조와 기득권 구조가 흔들리기 때문이다. 과거의 산업혁명들은 석탄 및 석유 에너지 사용을 근간으로 일어났다. 석유가 19세기 중엽부터 본격적으로 채굴되지 않았으면 내연기관의 발명 자체가 무의미했을 것이며, 이후 석탄과 석유로 전기를 생산하는 메커니즘이 없었다면 20세기 문명은 완전히 달라졌을 것이다.

그린뉴딜이 추진되면 기존의 (탄소 위에 세워진) 모든 제도와 구조들이 극도로 **유동화**될 수 있을 것이다. 그러한 환경에서, 이제까지 기득권과 고정관념의 관성 때문에 철벽같이 버티고 있던 잘못된 제도들을 바로잡기 위한 길을 열자는 것이다. 이는 1930년대 루스벨트식 뉴딜 과정과 상당히 유사하다. 1933년부터 시작된 1기 뉴딜 때는 사실 경기부양과 일자리 창출 대책 외에 딱히 강력한 사회개혁 프로그램은 마련되어 있지 않았다. 그러나 시간이 지나면서 사회적 공간과 여지가 넓어졌고, 그 가운데에서 노동자와 시민들, 진보 정치가들(휴이 롱과

업튼 싱클레어 등)이 움직이면서 전면적인 개혁의 문을 연 2기 뉴딜이 시작된다. 그 결과 와그너법의 제정으로 노동권이 확립됐으며 사회보장법이 통과돼 20세기 미국의 복지 체계 골격이 만들어졌고 최저임금법도 통과됐다. 소득세의 누진 체계가 확장되어 최고세율이 무려 90퍼센트를 넘었다.

더 많은 정치, 더 나은 미래가 가능하다

이제 결론을 맺어보자. 2020년대 한국사회의 앞날에는 크게 두 갈래의 길이 있을 수 있다. 첫째는 우익 포퓰리즘의 길이다. 앞서 9장에서 밝혔듯이 세습적 특권의 심화에 대해서 권력을 쥔 엘리트 집단이 계속 반응하지 않게 되면 80퍼센트 기성세대나 청년세대는 포퓰리즘에 기댈 수 있다. 정치로부터 외면 당한 시민들은 기존 정당들에 대한 지지를 철회하고 외부자를 찾게 되는 것이다. 이미 미국과 영국 등 일부 국가들에서는 불평등 심화가 포퓰리즘이라는 정치적 위기로 전이되어 가는 중이다.

그리고 또 다른 선택지가 있을 수 있다. **기후위기라는, 인류가 지금까지 겪지 못했던 거대한 도전에 맞서, 전시 체제에 준하는 수준의 능동적이고 체계적인 대응책인 그린뉴딜 정책을 수용하는 것이다.** 속수무책으로 심화되는 경제·사회적 불평등 문제를 기후위기 이슈와 적극적으로 연결함으로써 특권 세습 구조를 비롯한 기존 시스템 자체를 해체시킬 정치적 계기를 만들어보자는 것이다. 20세기에 불평등 완화를 현실화시킨 몇 안 되는 평화적, 역사적 계기였던 1930년대 미국의 뉴딜 정책의 역할을, 21세기에는 그린뉴딜이 해줄 수 있지 않을까? 특히 기후위기에 가장 적극적으로 반응하는 청년세대가 미국이나 유럽에서처럼 그린뉴딜을 매개로 정치적 세력화에 성공할 수도 있지 않을까?

한국사회가 어떤 방향으로 움직일지 예측하는 것은 쉽지 않다. 그러나 2020년 이후 기성세대가 짜 놓은 민주화 세력 대 산업화 세력의 대결 구도나 국지적인 공정 경쟁 구도에 갇혀있기는 쉽지 않을 것이다. 이제는 세습자본주의와 기후위기라는 새로운 도전 과제를 공론장의 전면에 드러내놓고 본격적으로 해결하기 위한 정치적 힘을 만들 때라고 생각한다. 그리고 제대로 논의하려면 더 많은 20~30대가 정치적 공간 안으로, 사회의 모든 영역의 의사결정 공간 안으로 들어와야 한다고 생각한다. 결국 시간의 힘은 아무도 막을 수 없을 것이고, 세대는 바뀌게 되어 있다.

추천의 글

불평등과 단절의 시대를 대면하는 정치적 윤리

전효관(한국문화예술위원회 사무처장)

사람들은 "점점 나빠질 것 같다"는 감각을 호소한다. 특히 젊은 세대들이 그렇다. 기존 방식은 막다른 골목에 이른 듯한데, 새로운 출구는 여전히 모호한 상태이다. 지금까지 살아온 방식이 앞으로 유효하지 않을 것이라는 감각은 사회적 동의와 합의를 위기에 빠뜨리고 있고, 사회적 경쟁과 갈등을 격화시키고 있다. 개인의 일상, 공동체 윤리, 사회 구성의 원리가 다 위기에 처해 있다.

이런 위기에 맞닥뜨렸는데도 전환과 재구성을 위한 정치·사회적 결단은 왜 이루어지지 않는가. 다보스포럼조차 경제의 불확실성과 기후위기를 핵심 의제로 다루고 있는 상황이다. 사회적 위기는 더 이상 비주류 담론이 아닌 주류 담론의 보편적 의제로 등장하고 있다. 세계적으로는 경제적 성장과 확대가 불가능한 시대적 흐름 속에서 전환을 위한 준비가 초읽기에 들어간 것 같다.

하지만 한국의 상황은 사뭇 다르다. 정치·사회적으로 새로운 의제 대신 과거 의제에 매달려 있는 느낌이다. 기존 세력, 기존 권력 내의 경쟁은 격화되지만, 새로운 세력의 등장은 매우 더디다. 기존의 정치·사회적 관성이 문제 해결을 위한 시도를 방해하고 있는 상황이다. 사회가 기득권 내 경쟁에 포섭되어 있어 현재와 미래에 대한 대응력은 취약해지고 있다.

그렇다면 어떻게 할 것인가? 김병권 정의정책연구소장의 책 『사회적 상속: 세습사회를 뛰어넘는 더 공정한 계획』은 이런 상황에 대한 출구를 찾아간다. 그는 최근 한국사회를 뒤덮고 있는 공정 이슈를 기각한다. 공정이 공정한 경쟁과 채용으로 이해되는 한 울타리 안의 특권을 강화시킬 뿐이라고 비판한다. 그는 공정 이슈가 디디고 있는 불평등한 현실을 근본적으로 문제 삼자고 주장한다.

이 책은 공정 이슈가 좀처럼 제기되지 않는 불평등 공간과 세습 공간에 주목한다. 저자는 불평등의 심화가 시간적으로 누적되면서 세습사회가 등장했다고 진단한다. 세습이 단순히 신분이나 재산 상속의 차원에서 작동하는 것이 아니라 한 사람의 평생의 성장과정에서 작동하는 사회라는 것이다. 이때 세습은 일종의 '능력' 재생산과정이다. 저자는 이처럼 '능력'과 '기회'가 차별적으로 분배되는 사회에서, 능력주의와 기회균등은 불가능한 신화라고 일갈한다.

부모가 누구냐에 따라 한 사람의 삶이 결정된다. 특권을 가진 상위 10~20퍼센트는 성 안에 살고, 그렇지 않은 사람들은 성 밖에 산다. 성 안 사람들은 배타적 기회를 부여받고 교육을 통해 자신의 능력을 배가시켜 나간다. 따라서 교육은 이미 신분 상승의 사다리가 아닌 신분 고착의 만리장성이 되었다고 저자는 주장한다. 필요한 것은 교육개혁이 아니라 세습사회 구조를 단절할 대규모의 행동과 조치다.

한국사회는 현재 진통 중이다. 이 진통을 줄이고 미래로 가기 위해서는 기득권 시스템에 대한 전면적이고 대담한 개혁이 필요하다. 현재 우리가 매달려 있는 질문은 "줄어든 파이를 어떻게 차지하고 지킬 것인가"이다. 이 질문을 멈추고 "줄어든 파이를 어떻게 나눌 것인가"라는 질문으로 전환하는 것이 필수적이다. 성장의 허구에 매달리는 각자도생 시스템을 공생을 모색하는 협력 시스템으로 전환시켜야 한다.

이 책에서 저자는 한국적 특수성에서 비롯된 경제성장의 성과를 다음 세대로 이전시키는 사회적 상속을 제안한다. 자산의 세대 이전을 통해 출발선을 맞추고, 최저-최고임금제로 사회 진입 후 격차를 제한하는 방법을 통해서다. 나아가 정치적 상속을 끊어내는 세대교체도 제안한다.

논란이 있는 주장일 수 있다. 하지만 기존과 다른 정치적 상상력 없이는, 개인의 삶은 물론 공동체 규범과 민주주의 원리도 위기에 처할 수밖에 없음을 우리는 직시할 필요가 있다. 과거의 방식에 도취된 상태에서 벗어나는 정치적 상상력이 절실하다. 거기에서 출발해야 한다.

청년정책을 설계해본 입장에서, 청년들에게 조언과 권고를 하는 것이 우리 (586)세대의 윤리는 아니라고 생각한다. 고성장 시대를 산 사람들이 저성장 시대를 살아야 하는 사람들에게 할 수 있는 조언이란 개인의 노력을 주문하는 것을 넘어서기 어렵다. 기성세대가 던지는 희망의 메시지는, 아무리 선의가 담겼다고 해도, 불길한 결과를 예감하는 사람에게는 통하지 않는다.

저자 김병권 소장은 나와 이런 고민을 함께한 동지이다. 청년정책을 두고 그와 고민을 나눈 과정은 이런 불평등과 단절의 시대에, 세대 간에 같이 할 수 있는 일을 찾는 과정이었다. 기본은 다른 세대에 조언하는 것이 아니라, 우리 세대가 지금 해야 할 일을 결정하는 것이라고 믿는다. 이 점에서 나는 저자가 제안한 청년기초자산과 사회적 상속안을 지지한다.

이 책은 많은 텍스트를 요약하면서 논지를 전개한다. 나는 독자들에게 논지를 이해하는 것을 넘어 586세대의 성찰 지점을 읽어보길 권하고 싶다. 이 책에는 586세대에 속하는 한 사람이 자기 세대의 알리바이를 입증하려는 것이 아니라, 진짜 청년이라는 주제어를 붙들고 치열하게 고민한 흔적이 있다. 다른 세대와 만나며 얻은 경험들이 가치 있는 성찰과 모색들로 전환되었음을 확인할 수 있다.

우리는 이런 진단과 해법을 공유할 수 있을까? 나아가 대안을 위한 실천을 기획할 수 있을까? 나 또한 586세대의 일원으로 겪는 곤혹스러움이 크다. 김병권 소장이 이 책에서 던진 질문을 우회하지 않고 대면하는 윤리, 그는 이 지점에서 새로운 사회를 여는 출발점을 찾는다. 많은 사회적 토론과 공론의 장이 이어지기를 기대한다.

참고문헌

김만권, 2018, 『열심히 일하지 않아도 괜찮아! - 21세기 분배의 상상력』, 여문책.

오준호, 2017, 『기본소득이 세상을 바꾼다』, 개마고원

이철승, 2019, 『불평등의 세대』, 문학과지성사.

전강수, 2019. 『부동산 공화국 경제사』, 여문책.

조귀동, 2020, 『세습 중산층 사회』, 생각의힘.

천관율, 정한울, 2019, 『20대 남자: '남성 마이너리티' 자의식의 탄생』, 참언론 시사인북.

장석준, 2019, 「오늘의 대한민국에서 포퓰리즘에 주목해야 하는 이유」, 『시민과 세계』 34호, 참여사회연구소.

Ackerman, Bruce, 2005, *Redesigning Distribution: Basic Income and Stakeholder Grants as Cornerstones for an Egalitarian Capitalism*, Verso Books. [브루스 애커먼 외, 2013, 『분배의 재구성: 기본소득과 사회적 지분 급여』, 나눔의집.]

Atkinson, Anthony, 2015, *Inequality: What Can Be Done?*, Harvard University Press. [앤서니 앳킨슨, 2015, 『불평등을 넘어』, 장경덕 옮김, 글항아리.]

Carbone, June & Naomi R. Cahn, 2014, *Marriage Markets: How Inequality is Remaking the American Family*, Oxford University Press. [준 카르본. 나오미 칸, 2019. 『결혼 시장 - 계급, 젠더, 불평등 그리고 결혼의 사회학』, 김하현 옮김, 시대의창.]

Collins, Chuck, 2012, *99 to 1: How Wealth Inequality Is Wrecking the World and What We Can Do about It*, Ingram Pub Services. [척 콜린스, 2012, 『왜 세계는 불평등한가 - 탐욕스러운 1%가 99%의 삶을 파괴한다』, 이상규 옮김, 이상미디어.]

Deresiewicz, William, 2014, *Excellent Sheep: The Miseducation of the American Elite and the Way to a Meaningful Life*, Free Press. [윌리엄 데레저위츠, 2015. 『공부의 배신 - 왜 하버드생은 바보가 되었나』, 김선희 옮김, 다른.]

Ferguson, James, 2015, *Give a Man a Fish: Reflections on the New Politics of Distribution*, Duke University Press Books. [제임스 퍼거슨, 2017. 『분배정치의 시대』, 조문영 옮김, 여문책.]

Frank, Thomas, 2016, *Listen, Liberal : Or, What Ever Happened to the Party of the People?*, Scribe Publications. [토머스 프랭크, 2018, 『민주당의 착각과 오만』, 열린책들.]

Giridharadas, Anand, 2018, *Winners Take All: The Elite Charade of Changing the World*, Knopf Publishing Group. [아난드 기리다라다스, 2018, 『엘리트 독식사회』, 정인경 옮김, 생각의힘.]

Goodhart, David, 2017, *The Road to Somewhere: The Populist Revolt and the Future of Politics*, Oxford University Press. [데이비드 굿하트, 2019『엘리트가 버린 사람들』, 김경락 옮김, 원더박스.]

Hartmann, Thom, 2007, *Screwed: The Undeclared War Against the Middle Class – And What We Can Do about It*, Berrett-Koehler Publishers. [톰 하트만, 2012,『중산층은 응답하라 – 정치에 속고 자본에 털린 당신』, 한상연 옮김, 부키.]

Hayes, Christopher, 2013, *Twilight of the Elites: America after Meritocracy*, Random House Inc. [크리스토퍼 헤이즈, 2017,『똑똑함의 숭배』, 한진영 옮김, 갈라파고스.]

Hochschild, Arlie-Russell, 2016, *Strangers in Their Own Land: Anger and Mourning on the American Right*, New Press. [앨리 러셀 혹실드, 2017,『자기 땅의 이방인들 - 미국 우파는 무엇에 분노하고 어째서 혐오하는가』, 유강은 옮김, 이매진.]

Klein, Naomi, 2014, *This Changes Everything: Capitalism vs. the Climate*, Simon Schuster. [나오미 클라인, 2016,『이것이 모든 것을 바꾼다』, 이순희 옮김, 열린책들.]

Lareau, Annette, 2003, *Unequal Childhoods: Class, Race, and Family Life*, University of California Press. [아네트 라루, 2012,『불평등한 어린 시절』, 박상은 옮김, 에코리브르.]

McNamee, Stephen J & Robert K. Miller Jr, 2013, *The Meritocracy Myth*, Rowman & Littlefield Publishers. [스티븐 맥나미, 로버트 밀러 주니어, 2015,『능력주의는 허구다』, 김현정 옮김, 사이.]

Mills, Charles-Wright, 1956, *The Power Elites*. [C. 라이트 밀스, 2013,『파워 엘리트』. 부글.]

Mounk, Yascha Mounk, 2018, *The People vs. Democracy: Why Our Freedom Is in Danger and How to Save It*, Harvard University Press. [아스차 뭉크, 2018,『위험한 민주주의』, 함규진 옮김, 와이즈베리.]

Paine, Thomas, 1776, *Common Sense*. [토머스 페인, 2012,『상식』, 남경태 옮김, 효형출판.]

Pizzigati, Sam, 2018, *The Case for a Maximun Wage*, Polity Press. [샘 피지개티, 2018,『최고임금』, 허윤정 옮김, 루아크.]

Putnum, Robert, 2015, *Our Kids,* Simon & Schuster. [로버트 퍼트넘, 2016.『우리 아이들』, 정태식 옮김, 페이퍼로드.]

Reeves, Richard, 2017, *Dream Hoarders: How the American Upper Middle Class is Leaving Everyone Else in the Dust, Why That is a Problem, and What to Do about*, Brookings Institution Press. [리처드 리브스, 2019,『20 vs 80의 사회』, 김승진 옮김, 민음사.]

Runciman, David, 2013, *The Confidence Trap: A History of Democracy in Crisis from World War I to the Present*, Princeton University Press. [데이비드 런시먼, 2013, 『자만의 덫에 빠진 민주주의』, 박광호 옮김, 후마니타스.]

Scheidel, Walter, 2017, *The Great Leveler: Violence and the History of Inequality from the Stone Age to the Twenty-First Century*, Princeton University Press. [발터 샤이델, 2017, 『불평등의 역사』, 조미현 옮김, 에코리브르.]

Skidelsky, Robert & Edward Skidelsky, 2012, *How Much Is Enough? Money and the Good Life*, Other Press. [로버트 스키델스키, 에드워드 스키델스키, 2013, 『얼마나 있어야 충분한가?』, 김병화 옮김, 부키.]

Stewart, Matthew, 2018, "The 9.9 Percent is the New American Aristocracy", *Atlantic*. [매튜 스튜어트, 2019, 『부당세습』, 이승연 옮김, 이음.]

Van Parijs, Philippe, 2017, *Basic Income: A Radical Proposal for a Free Society and a Sane Economy*, Harvard University Press. [필리프 판 파레이스, 야니크 판데르보흐트, 2018, 『21세기 기본소득』, 홍기빈 옮김, 흐름출판.]

Varoufakis, Yanis, 2013, *Talking to My Daughter About the Economy: or, How Capitalism Works--and How It Fails*, Farrar, Straus and Giroux. [야니스 바루파키스, 2017, 『작은 자본론 - 20대 딸에게 들려주는 경제 이야기』, 정재윤 옮김, 내인생의책.]

Ackerman, Bruce, Anne Alstott, 2000, *The Stakeholder Society*, Yale University.

IPPR, 2018, *Prosperity and justice: A plan for the new economy*, The Final Report of the IPPR Commission on Economic Justice.

Markovits, Daniel, 2019, *The Meritocracy Trap*, Penguin Press.

OECD, 2019, *Education at a Glance 2019*.

Piketty, Thomas, 2020, *Capital and Ideology*, Harvard University Press.

Stern, Andy, 2016, *Raising the Floor*, Public Affairs.

Sternberg, Joseph, 2019, *The Theft of A Decade: How the Baby Boomers Stole the Millennials's Economic Future*, Public Affairs.

Stiglitz, Joseph, 2019, *People, Power, and Profits: Progressive Capitalism for an Age of Discontent*, Norton & Company.

Chetty, Raj et al, 2016, "The Fading American Dream: Trends in Absolute Income Mobility Since 1940", NBER Working Paper Series.

Chetty, Raj et al, 2017, "Who Becomes an Inventor in America?: The Importance of Exposure to Innovation", The Equality of Opportunity Project.

Chetty, Raj et al, 2017, "Mobility Report Cards: The Role of Colleges in Intergenerational Mobility", NBER Working Paper 23618.
Mark, Clifton, "A Belief in Meritocracy is Not Only False: It's Bad for You", *Aeon*, 2019.3.8.
Nissan, David & Julian Grand, 2000, "A Capital Ideal: Start-up Grants for Young People", Fabian Society.
White, Stuart, 2011, "Basic Income versus Basic Capital: Can We Resolve the Disagreement", *Policy & Politics* 39(1).

Foster, John Bellarmy, 2019, "On Fire This Time", *Monthly Review* 71(6). [존 벨라미 포스터, 2019,「불타오르는 우리 시대」, 구준모, 박동범 옮김, 『먼슬리 리뷰』, 71권 6호.]

사회적 상속:

세습사회를 뛰어넘는 더 공정한 계획

처음 펴낸날 2020년 3월 30일

지은이 김병권
펴낸이 주일우
편집 박우진
표지디자인 PL13
본문디자인 PL13, 권소연

펴낸곳 이음
등록번호 제2005-000137호
등록일자 2005년 6월 27일
주소 서울시 마포구 월드컵북로 1길 52
전화 02-3141-6126
팩스 02-6455-4207
전자우편 editor@eumbooks.com
홈페이지 www.eumbooks.com

ISBN 978-89-93166-04-0 03330

값 14,000원

이 도서의 국립중앙도서관 출판예정도서목록(CIP)은
서지정보유통지원 시스템 홈페이지(http://seoji.nl.go.kr)와
국가자료공동목록시스템(http://www.nl.go.kr/kolisnet)에서 이용하실 수 있습니다.
(CIP제어번호: CIP2020011295)